El Enneagrama,
un viaje hacia la libertad

Colección «PROYECTO»
46

Arnaldo Pangrazzi

El Enneagrama,
un viaje hacia la libertad

(2.ª edición)

Editorial SAL TERRAE
Santander

Título del original italiano:
*Enneagrama: un viaggio alla scoperta
di se stessi e degli altri*
© 1997 by Arnaldo Pangrazzi

Traducción: *Rafael Pérez*
© 1997 by Editorial Sal Terrae
Polígono de Raos, Parcela 14-I
39600 Maliaño (Cantabria)
Fax: 942 369 201
http://www.salterrae.es
E-mail: salterrae@salterrae.es

Con las debidas licencias
Impreso en España. Printed in Spain
ISBN: 84-293-1213-7
Dep. Legal: BI-2297-98

Fotocomposición:
Sal Terrae - Santander
Impresión y encuadernación:
Grafo, S. A. - Bilbao

Índice

Introducción

La palabra «enneagrama» es de origen griego y se compone de dos partes: «ennea», que significa nueve, y «gramma», que significa puntos. El término «enneagrama» alude al símbolo caracterizado por una circunferencia con nueve puntos de referencia.

Los orígenes de este símbolo parecen muy antiguos. Es posible que se remonte a hace más de dos mil años y que sirviera para interpretar las leyes del universo, para comprender la cosmología y la astronomía, las matemáticas, la química, el arte y la música. Hay que poner en un lugar destacado de su afianzamiento a los «maestros sufíes» de la Edad Media.

El sufismo es una ramificación mística del islam y se desarrolló gracias al nacimiento de unas «órdenes» que guardan cierta analogía con la variedad de órdenes religiosas nacidas en la Iglesia católica.

El enneagrama parece que se transmitió, en circunstancias muy controladas, por una de estas órdenes, la Nahshbandi Order. Los sufíes eran musulmanes piadosos que renunciaban a los bienes terrenos para profundizar en su relación con Dios mediante la oración y la meditación.

La cuestión de si fueron influenciados, y de qué modo, por el monaquismo cristiano, sigue estando abierta. Los sufíes vestían ascéticamente un hábito de tela tosca (*suf* en árabe), que recuerda de alguna manera el hábito franciscano. Algunos de ellos eran predicadores itinerantes, otros vivían en comunidad. El conocimiento constituía para ellos un sendero privilegiado para llegar a Dios, y el amor de Dios era el tema central de su vida.

Gradualmente se desarrolló dentro de su tradición la práctica de guiar espiritualmente a quienes deseaban profundizar en su relación con Dios. En el proceso de estas experiencias, los maestros sufíes descubrieron obstáculos recurrentes que impedían a las personas encontrar a Dios. Estas barreras, llamadas «pasiones», coinciden con los siete pecados capitales de la tradición cristiana (ira, envidia, soberbia, avaricia, gula, lujuria y pereza), más otras dos pasiones importantes: el engaño y el miedo.

El mérito de haber dado a conocer los secretos y la sabiduría del enneagrama al mundo occidental corresponde a dos personas: George Gurdjeff (1870-1949), de origen armenio, y Óscar Ichazo, boliviano, actualmente residente en Estados Unidos. Por diferentes caminos, los dos llegaron a Afganistán, cuna de la tradición de los sufíes, donde entraron en contacto con este conocimiento y esta sabiduría que luego transmitieron a Europa y América.

La divulgación del enneagrama como teoría de la personalidad es un avance reciente, de principios de la década de los setenta. Su rápida difusión se debe también a los jesuitas norteamericanos de Chicago y Berkeley, quienes «bautizaron» el enneagrama y lo dieron a conocer a comunidades religiosas y laicas y transformaron esta herencia esotérica en un instrumento válido al servicio de la espiritualidad y la comunidad cristianas.

Lo que hasta entonces era conocimiento privado transmitido de maestro a discípulo, se convierte, a través de la enseñanza y de las publicaciones, en patrimonio común. Durante los últimos años, especialmente en el mundo anglosajón, el enneagrama ha experimentado un fuerte desarrollo, caracterizado por una gran variedad de cursos, una aplicación del instrumento a diversos ámbitos de la vida (entre otros, el educativo, el empresarial, el sanitario, el terapéutico, el de la espiritualidad, etc.) y un esfuerzo creciente que trata de promover la investigación clínica y científica para convalidar sus intuiciones.

La singular capacidad de esta teoría para integrar creativamente los principios de la espiritualidad con las aportaciones de la psicología han favorecido su conocimiento y su utilización como instrumento privilegiado para el autoconocimiento, la dirección espiritual, el acompañamiento formativo, la dinámica de grupos y el trabajo en equipo.

El enneagrama como teoría de la personalidad no es una doctrina de salvación, sino un instrumento que ayuda a clarificar la verdad sobre uno mismo. Proyecta categorías generales válidas, sin sacrificar la individualidad. La pertenencia a una tipología determinada depende de la presencia de algunas tendencias y dinámicas de fondo que son típicas de esa personalidad.

Al describir las nueve personalidades, no se considera que ninguna de ellas sea mejor que otra, pues cada una tiene sus riquezas, sus limitaciones y sus propios itinerarios de maduración que llevar a cabo.

El enneagrama ofrece preciosas claves de lectura para comprender los dones, las motivaciones inconscientes, las tendencias y las zonas de sombra de cada una de las personalidades.

La personalidad, en definitiva, no se elige; cada persona se hace consciente de ella, la acepta, la expande, sabiendo que a lo largo de la vida no cambia su esencia de fondo. Lo que sí cambia es la capacidad del sujeto para valorar mejor sus potencialidades dilatando sus elementos positivos y de crecimiento.

ARNALDO PANGRAZZI

1
El enneagrama
como teoría de la personalidad

Breve confrontación con otras teorías de la personalidad

No hay en la creación nada tan fascinante y sagrado como la persona humana. El ser humano ha explorado todas las fronteras de la tierra, ha superado con sus vuelos la ley de la gravedad, ha caminado sobre la luna, ha explorado los espacios y las estrellas... Cada estudio médico es una proclamación del milagro de la vida humana, con sus músculos y sus órganos, con sus vasos sanguíneos y demás tejidos del organismo, tan maravillosamente dotado. Sin embargo, y aunque admiremos la gran cantidad de saberes acumulados por los grandes genios a lo largo de los siglos, todavía no somos capaces de desvelar el misterio de las personas a las que amamos, con las que trabajamos y nos relacionamos cada día[1].

El enneagrama es la propuesta de un viaje al descubrimiento del ser humano, de lo que le impulsa a reaccionar de forma diferente ante los demás, ante Dios y ante las crisis de la vida; al descubrimiento de todo lo que provoca en él esclavitud, regresión y enfermedad; al descubrimiento de todo lo que le ayuda a hacerse libre y a experimentar el bienestar.

El *enneagrama* es un mapa muy antiguo que usaron los viajeros orientales como itinerario espiritual para un encuentro más profundo con Dios.

---

1. HURLEY-DOBSON, *What's my tipe*, p. 1.

En los últimos treinta años, el conocimiento del enneagrama se ha divulgado en Occidente, especialmente partiendo de los Estados Unidos, haciendo una aportación estimulante y dinámica sobre la personalidad.

El ser humano se ha preguntado a lo largo de los siglos sobre su identidad: «¿Quién soy yo?». De esta pregunta han surgido respuestas y teorías fascinantes[2]. Cada teoría representa un esfuerzo original de profundización en el estudio de la naturaleza humana y de captación de sus diversos matices y perfiles.

La personalidad puede describirse como el modo característico de comportarse, reaccionar y pensar de un individuo. Cada persona es única e irrepetible, pero se pueden descubrir comportamientos reglados y constantes característicos de muchas de ellas, aunque con formas peculiares, que permiten clasificar a sujetos distintos en determinadas tipologías. Hay quienes rechazan a priori la hipótesis de verse incluidos en una tipología, por temor a perder su propia unicidad y originalidad. La objeción sería correcta si el «tipificar» a una persona no dejara lugar para captar sus diferencias en el contexto de los rasgos que la asemejan a otros individuos.

La unicidad debe ser reconducida a la diversidad de historia y de acontecimientos que suceden en la vida de cada uno.

En realidad, todos somos diferentes, y nadie es copia exacta de ningún otro. Pero al mismo tiempo existen espacios de convergencia, y algunas personas son más parecidas a otras en su forma básica de obrar, pensar y reaccionar.

---

2. Una aproximación inicial de utilidad para el autoconocimiento puede ser: Aa.Vv., *Who am I?*, que ofrece una panorámica sintética y esencial sobre teorías como las de Freud, Jung, Lowen, Orney, Naranjo, etc. y sobre las aportaciones que hacen diversas escuelas a la tipología de la personalidad. Para estudios más profundos sobre la personalidad, señalamos varias obras, como las de Allport, Atkinson, Caprara, Carotenuto, Cattell, Kohut, Lewin, Linton, Maddi, Kardiner, etc. Para una rica y detallada presentación de informaciones bibliográficas sobre las teorías de la personalidad, sugiero la obra de Hall-Lindzey.

La observación científica del comportamiento humano ha permitido elaborar teorías sobre tipologías de personas, a partir de elementos *físicos, evolutivos, psicodinámicos y socioculturales.*

Las tipologías somáticas[3] o constitucionales destacan la relación existente entre determinadas características físicas y psíquicas, como la *diferenciación sexual, la herencia y el carácter.*

Las *teorías evolutivas* describen las diferencias individuales sobre la base de la experiencia vivida en la infancia, teniendo presente la forma de aprendizaje y de percepción del individuo y sus procesos de adaptación a la realidad.

Las *teorías psicodinámicas* destacan una variedad de factores que interactúan en la vida y en los comportamientos de la persona. Entre éstos, tienen una función de gran alcance las *motivaciones* y las *tendencias,* la función del *inconsciente,* la importancia del *yo* en el desarrollo de la identidad y el ámbito de los *valores* que orientan la acción.

Las teorías *socioculturales* o *situacionales* exploran las repercusiones de los diversos factores externos que inciden en el desarrollo físico y psíquico de la persona: el *ambiente físico* (las condiciones geográficas y meteorológicas, el alimento, la cultura), el *ambiente familiar* (la función y la relación del niño con y entre los padres, las pérdidas significativas, el orden de su nacimiento, etc.), la *clase social* de pertenencia (valores y ética transmitidos), *otros grupos* o *instituciones de referencia* (el colegio, el partido político, la tradición religiosa, el ámbito de trabajo, etc.).

Todas estas teorías describen la multiplicidad de factores y variables que actúan en el individuo y lo plasman, caracterizando sus rasgos somáticos, motivacionales, perceptivos, aptitudinales y temperamentales.

---

3. Un autor que ha hecho una aportación original en este ámbito es Sheldon, psicólogo norteamericano que ha demostrado la íntima relación existente entre la configuración del cuerpo y el desarrollo de la personalidad y ha establecido sus tipologías básicas.

El enneagrama se inserta en el cuadro de las teorías tipológicas, porque descubre características y tendencias recurrentes en las personas; y tiene un carácter prevalentemente psicodinámico, porque su perspectiva es la integración de la personalidad.

Aspectos específicos del enneagrama como teoría de la personalidad

El enneagrama es un instrumento de autoconocimiento que nos permite aclarar cómo somos en verdad. Ayuda a descubrir rasgos y tendencias típicos de cada personalidad determinada, permite descubrir semejanzas y diferencias, características positivas y negativas, aptitudes y motivaciones inconscientes que están en la raíz de determinados comportamientos.

Hay muchos elementos de convergencia entre las intuiciones del enneagrama y los datos y descubrimientos de la psicología moderna, como confirman las investigaciones de Riso, Palmer y Wagner.

Palmer[4] lo define como «uno de los pocos sistemas que se ocupan de la normalidad y de los comportamientos eficientes, y no de las patologías, integrando una gran cantidad de conocimientos psicológicos en un sistema coherente y relativamente sencillo».

El punto débil del enneagrama, en relación con otras teorías, está en la falta de una convalidación científica de las nueve personalidades en que se basa, aunque hay investigaciones en marcha para superar positivamente el examen científico.

Lo confirma Charles Tart, profesor de filosofía en la Universidad de California, quien aduce este testimonio personal: «Uno de los momentos más clarificadores de mi vida fue justamente el de la explicación de mi tipo psicológico según el enneagrama. Los acontecimientos más

---

4.   PALMER, H., *The Enneagram,* Astrolabio, p. 13.

importantes de mi vida y mis reacciones asumieron un preciso sentido retrospectivo. Y, más importante aún, vi el fallo principal de mi aproximación a la vida y *me encontré con una metodología general para trabajar en su transformación*»[5].

El enneagrama ofrece además una aportación innovadora: va más allá de las teorías convencionales de la psicología, porque ofrece intuiciones sobre los motivos de nuestro obrar, sentir y reaccionar.

He aquí algunos aspectos específicos del enneagrama:

— es una teoría de la personalidad que nace y se afianza en una tradición religiosa;
— integra la psicología y la espiritualidad;
— ayuda a ir rápidamente al meollo del asunto, sin necesidad de largos meses de entrevistas terapéuticas;
— ayuda a descubrir que muchos sufrimientos en nuestras relaciones se deben a que no sabemos percibir el modo de ser y de comportarse de los demás;
— propone la integración de los diversos centros de la persona (mente, corazón, instinto);
— es un sistema sencillo y complejo, comprensivo y dialéctico, que se puede aplicar a personas de diferentes culturas;
— además de su aportación introspectiva, facilita itinerarios específicos de crecimiento y transformación, tanto en el plano psicológico como en el espiritual;
— es una teoría dinámica, no estática, en continua evolución, como el propio ser humano.

La personalidad: origen y desarrollo

Una constante en la historia del ser humano es la pretensión de establecer si la personalidad de un individuo se debe al tipo de ambiente en el que ha crecido (familia, cultura, aprendizaje, etc.) o si depende más bien de factores

---

5.   TART, C., en el prefacio al libro de H. PALMER *The Enneagram*, p. 11.

biológicos (naturaleza, herencia) que le han predispuesto a ser la persona que es.

En filosofía, esto se conoce como la controversia entre nativismo y empirismo; en el lenguaje común, los términos de la controversia son más bien los de naturaleza y cultura.

A lo largo de los siglos, filósofos, antropólogos, sociólogos, biólogos y psicólogos se han alineado en uno u otro bando con argumentos que convalidaran sus posiciones. Por ejemplo, los psicólogos consideran que la personalidad es, en gran parte, el resultado de la relación del niño con sus padres y con las personas significativas de su infancia. Los creadores de la teoría de la cultura destacan la función que el ambiente físico y social tiene en la formación del modo de ser y de comportarse del individuo.

Alineados en el lado opuesto se encuentran los defensores de la naturaleza, es decir, los que destacan la función primordial de la herencia en la determinación de la personalidad.

En la práctica, estos últimos defienden que el ser humano lleva consigo desde su nacimiento determinadas características ligadas a factores genéticos.

No cabe duda de que hay bases genéticas que inclinan a un niño a tener un temperamento determinado, como tampoco cabe dudar de los influjos ambientales que plasman su personalidad.

La ciencia no ha logrado hasta ahora establecer con precisión en qué medida la personalidad está determinada por la genética o por el modo en que el individuo ha sido plasmado por la familia y el ambiente.

Cinco hijos nacidos de unos mismos padres y expuestos al mismo influjo ambiental pueden tener personalidades distintas, del mismo modo que dos gemelos nacidos de un mismo mapa cromosómico pueden manifestar temperamentos completamente diferentes.

En síntesis, la personalidad es esencialmente el resultado de un conjunto de factores genéticos y ambientales que inciden de diversos modos en la unicidad, irrepetibilidad y creatividad de la persona.

Las raíces históricas del enneagrama

Son muchas las aportaciones que han influido en la orientación adoptada por el enneagrama, y es difícil establecer el influjo exacto de cada una de esas aportaciones. ¿Qué impacto, por ejemplo, tuvo la cultura griega —evidente, por lo demás— en el nombre mismo del símbolo? ¿Qué ha aportado la tradición judeo-cristiana? ¿Qué influencia ha ejercido la tradición oriental?

Las hipótesis son muchas, y las certezas pocas. Desde tiempos inmemoriales, antes incluso de que llegaran las grandes religiones y las grandes filosofías, sabios, teólogos, astrólogos y matemáticos habían tratado de encontrar la verdad. Bennett[6] habla de una fraternidad de sabios que descubrieron el secreto de la renovación perpetua del universo y lo transmitieron de generación en generación. Al principio el secreto se guardó en Babilonia, y posteriormente lo fueron conociendo Zoroastro, Pitágoras y otros sabios. Por fin, los guardianes de la tradición emigraron al norte y se refugiaron en Bokhara hace mil años.

Bennett, discípulo de Gurdjeff y uno de los primeros que enseñaron el enneagrama en Occidente, sitúa el nacimiento del enneagrama en Oriente Medio, cuna de tantas culturas y tradiciones religiosas.

Lo que parece indiscutiblemente claro es que el sufismo tuvo un gran influjo en el desarrollo y la espiritualidad del enneagrama. El sufismo es la *rama mística* del Islam y se desarrolla a través del nacimiento de «órdenes» que tienen alguna analogía con la variedad de las órdenes surgidas en la Iglesia. Se considera que el enneagrama fue transmitido, en circunstancias muy controladas, por una de estas órdenes.

¿Quiénes eran los sufíes y qué enseñaban? Rohr[7] dice que los sufíes eran musulmanes piadosos que renunciaban a los bienes terrenos para profundizar su relación con Dios mediante la oración y la meditación.

---

6. BENNETT, J.G., *Enneagram Studies*, p. 2.
7. ROHR-EBERT, *Scoprire l'Enneagramma*, p. 27.

La cuestión de si fueron influenciados —y cómo lo fueron— por el monaquismo cristiano sigue abierta, pero existen paralelismos que parecen confirmarlo. Los sufíes vestían, ascéticamente, una cogulla de tela tosca (*suf* en árabe) que recuerda algo la de los franciscanos. Algunos eran predicadores itinerantes, y otros vivían en comunidad. El conocimiento constituía en su tradición un sendero privilegiado para llegar a Dios, y el amor de Dios era el tema central de su búsqueda.

Paulatinamente fue desarrollándose en su tradición la práctica de guiar y acompañar espiritualmente a quienes deseaban profundizar en su relación con Dios.

En el proceso de esta experiencia, los maestros sufíes descubrieron que había obstáculos recurrentes que impedían a las personas encontrar a Dios. Estas barreras, llamadas «pasiones», coincidían básicamente con los pecados capitales de la tradición cristiana.

Los maestros sufíes usaban el enneagrama explicando al discípulo únicamente la parte de la enseñanza que tenía que ver con él, reservando para los maestros el conocimiento completo de todo el sistema.

Hay tres figuras históricas que han ido apareciendo sucesivamente y que han desempeñado un papel fundamental a la hora de dar a conocer el enneagrama: Gurdjeff, Ichazo y Naranjo.

— *George Gurdjeff*

La figura de Gurdjeff sigue siendo la principal en el panorama del enneagrama: suyo es el mérito de haberlo dado a conocer al mundo occidental.

Nació en Alejandrópolis en 1870, de padre griego y madre armenia. La región del Cáucaso y Kars, una pequeña ciudad en la que pasó una buena parte de su infancia, tienen características especiales desde el punto de vista geográfico, cultural y ecuménico. Se trata de una zona situada entre los mares Negro y Caspio, encrucijada y punto de encuentro entre Asia y Europa.

Gurdjeff creció en un ambiente ecuménico impregnado del misticismo islámico, de la espiritualidad greco-rusa ligada a sus raíces paternas y de la tradición armenia que le transmitió su madre. El hecho de encontrarse en medio de influjos tan diferentes le permitió conocer las diversas interpretaciones que pueden darse a la vida humana.

El mundo que le rodeaba le estimuló a buscar, ya desde muy joven, el significado de la existencia y de sus secretos más profundos. Al principio exploró la vocación de médico, y luego la de sacerdote, y al no encontrar respuestas satisfactorias se abrió a horizontes más dilatados, convencido de que debían de existir en algún sitio grupos o comunidades que poseyeran los secretos de la vida. La búsqueda de la verdad le llevó a viajar con un grupo de personas a las que llamó «buscadores de la verdad». Era un grupo de unas quince o veinte personas con las que Gurdjeff visitó monasterios, comunidades espirituales, sociedades ocultas y congregaciones, desde Grecia hasta Tierra Santa, desde África (Egipto, Etiopía y Sudán) hasta Turquía, siempre con la esperanza de llegar a los lugares y a las personas que guardaran los secretos de la vida.

A lo largo de sus viajes, se encontró con frecuencia sin medios con que sustentarse, lo que le obligó a sobrevivir apelando a su innata genialidad y a sus dotes naturales, como el arte de curar, vender alfombras, hipnotizar y hacer de guía turístico en Jerusalén[8].

Finalmente, hacia 1910, sus investigaciones le llevaron a la meta deseada. Gurdjeff se encontró en Bokhara con la orden de los derviches Nagshbandi, fundada en el siglo XIV por Muhammad Bahauddin. Probablemente pasó con los miembros de esta comunidad algunos meses y asimiló las técnicas relacionadas con la transformación de la energía, su profundo y extraordinario saber y, sobre todo, lo que faltaba a la tradición occidental: el símbolo del enneagrama, clave para entender las leyes del universo y del ser humano.

---

8. SPEETH, K., *The Gurdjeff Work*, pp. 3-17.

Tras asimilar este conocimiento, Gurdjeff volvió a Occidente y llevó a cabo una síntesis creativa e innovadora de todo lo que había aprendido, tanto en el campo de la psicología como en el de la cosmología. En Petrogrado se rodeó de un pequeño grupo de personas selectas de la cultura de aquel tiempo y contrastó con ellas sus investigaciones. Entre ellas estaba Ouspensky, el discípulo que mediante sus escritos daría a conocer las ideas de su maestro.

La revolución rusa obligó a Gurdjeff a abandonar el país, a afrontar peripecias y viajes peligrosos y a permanecer durante algún tiempo en Estambul, hasta terminar definitivamente en Francia.

En París compró el Château d'Avon, en Fontainebleau, donde inauguró el Instituto para el Desarrollo Armónico del Hombre, frecuentado por personas ilustres de la cultura europea. El programa del Instituto trataba de liberar las potencialidades del individuo por medio de actividades intelectivas, la meditación cotidiana, la danza sagrada y los movimientos, el uso de la música, del arte y de los gestos, la práctica de gran variedad de ejercicios destinados al progreso en el conocimiento y a la integración de las tres funciones humanas fundamentales: el pensar, el sentir y el obrar.

Es difícil resumir la multiforme aportación hecha por Gurdjeff, pero una referencia fundamental es su teoría de los tres centros. Gurdjeff sugiere que en toda persona hay tres planos distintos de funcionamiento, como en un edificio: el plano superior es el centro intelectivo, el plano intermedio es el centro emotivo, y el plano inferior controla tres ámbitos de actividad: el centro del movimiento, el centro del instinto y el centro sexual. Además de éstos, hay otros dos centros operativos en las personas que están plenamente realizadas: el centro intelectivo superior y el centro emocional superior[9].

9. OUSPENSKY propone en diversos lugares la enseñanza de Gurdjeff sobre los centros: cf. *Fragmentos de una enseñanza desconocida*, pp. 64-65, 123-126, 130, 158, 215-217, 262-263, 330, 428.

Plano Superior	Centro Interlectivo	Centro Interlectivo Superior	
Plano Intermedio	Centro Emocional	Centro Emocional Superior	
Plano Inferior	Centro del Movimiento	Centro Instintivo	Centro Sexual

En la mayor parte de las personas, los tres centros inferiores funcionan sin armonía, mientras que los tres centros superiores no se usan. El desarrollo predominante de un centro en detrimento de los demás produce desequilibrios y deformaciones.

— *Óscar Ichazo*

Ichazo es, después de Gurdjeff, la persona que ha tenido una influencia más determinante para el conocimiento del enneagrama en Occidente. ¿Cómo lo descubrió? ¿Conocía previamente a Gurdjeff? En un diálogo que publicó Keen[10], Ichazo cuenta que se lo enseñó una persona cuyo nombre prometió no revelar. Sin conocer a Gurdjeff, también él se dirigió al Pamir, en Afganistán, donde fue introducido en los secretos del enneagrama por los maestros sufíes. Volvió a Bolivia, donde enseñó la tradición sufista en el Instituto de Psicología de La Paz. Posteriormente dio una serie de conferencias sobre el enneagrama en el Instituto de Psicología de Santiago de Chile. Las conferencias, organizadas por la Asociación de Psicología Chilena —a las que

---

10. KEEN, S., «A Conversation about ego destruction with Oscar Ichazo»: *Psychology Today* VII/2 (julio 1973) p. 64.

asistieron miembros del Instituto de Esalen, de California, entre los que se encontraba Claudio Naranjo—, despertaron gran interés y el deseo de profundizar posteriormente en su temática. Debido al entusiasmo que se suscitó, en 1970 Ichazo organiza en Arica, una hermosa ciudad al Norte de Chile, lo que se recordará como la «Arica Training», que fue frecuentada por unas cuarenta personas, la mayor parte de ellas terapeutas y médicos de Estados Unidos, entre ellos Naranjo, Lilly y Hart. Ichazo se traslada en 1971 a los Estados Unidos y funda en Nueva York el «Arica Institute», cuyo objetivo es promover enseñanzas que desarrollen sistemáticamente todo el potencial del ser humano. Ichazo es desde el primer momento muy celoso del sistema y de los conocimientos que él transmite, por lo que exige de sus alumnos fidelidad a la tradición esotérica en el uso del material. La aparición de las primeras publicaciones provoca en él fuertes reacciones que se traducen en denuncias y demandas contra los que violaban los derechos de autor apoderándose de sus ideas, con las consiguientes, largas y costosas batallas legales.

Las ideas de Ichazo se difunden a través del Instituto y de los grupos «Arica» que surgen en varias ciudades americanas, así como a través de la enseñanza de sus alumnos, especialmente Claudio Naranjo.

Lilly y Hart[11], que participaron en el «Arica Training», publicaron en un precioso artículo los conocimientos fundamentales transmitidos por Ichazo y que pueden resumirse en el siguiente esquema:

---

11. LILLY-HART, *The Arica Training*.

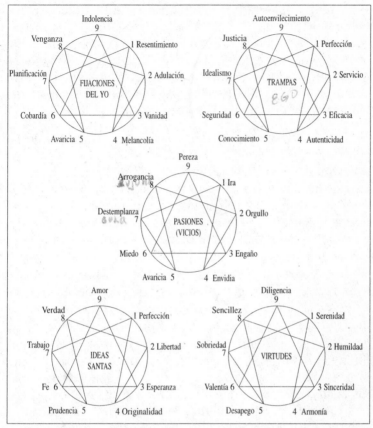

Fijaciones del yo: la persona busca algo para superar el sentido de vacío y de infelicidad a través de una fijación que le es propia.

Trampas: modo habitual de obrar, radicado en el ego, que se convierte en sustitución de la esencia propia de la persona.

Ideas santas: saber que la trampa es fuente de infelicidad lleva a la persona a moverse hacia la idea santa, que la vincula a su esencia propia.

— *Claudio Naranjo*

Naranjo, de origen chileno, es conocido como psiquiatra, terapeuta de la Gestalt, profesor, escritor e investigador. Enseñó psiquiatría social en Chile y, sucesivamente, hizo investigaciones en diversas universidades americanas sobre temas de psicofarmacología, así como estudios inter-culturales sobre la estructura de la personalidad y de la psicología de los valores. Trabajó y estudió con personajes de primera fila, como Karen Horney y Fritz Perls. Se convirtió en un orador prestigioso en las conferencias internacionales promovidas por la Asociación de Psicología Humanista y Psicología Transpersonal.

Estudió desde muy joven las fuentes esotéricas de la psicología y de la espiritualidad, y en 1971 fundó el SAT (Seekers After Truth) Institute, una escuela para la integración de la psicología y la espiritualidad. Colabora en varias revistas y dirige la publicación de algunos libros, con uno de los cuales, *The one quest,* ha adquirido reputación de gran sintetizador de las tradiciones orientales y occidentales orientadas al desarrollo de la conciencia.

Su nombre está vinculado al enneagrama, especialmente por su co-patronazgo, junto con Ichazo, de la famosa «Arica Training» en los tiempos en que era profesor del Esalen Institute de Big-Sur, en California.

Al volver a Estados Unidos, se distanció de Ichazo, por diferencias surgidas entre ellos, y llevó adelante su trabajo organizando encuentros en Berkeley, en los que transmitió los contenidos de la tradición. Participaron en ellos personalidades de prestigio como Palmer, Ochs, Speeth, etc., que sucesivamente desempeñarían un papel determinante a la hora de dar a conocer el enneagrama. Naranjo es un intérprete de la tradición oral del enneagrama, que encuentra su expresión en el método de entrevistar a grupos de personas comprometidas en su desarrollo personal y espiritual y capaces de articular sus preocupaciones, barreras y dinámicas.

El mayor mérito de Naranjo consiste en haber sabido traducir las intuiciones del itinerario místico del enneagrama al ámbito de la psicología moderna, y especialmente en haber concretado y situado correctamente los diferentes mecanismos de defensa a los que recurren las nueve diversas personalidades para sostener su pasión propia.

Las aportaciones de Oriente y de Occidente

Hasta hace veinte años, el conocimiento del enneagrama se realizaba fundamentalmente por vía oral y en el ámbito de la tradición esotérica, es decir, en el contexto de una enseñanza reservada a un círculo restringido de personas o discípulos a los que se transmitían gradualmente las verdades.

El origen esotérico del enneagrama, envuelto en el misterio y en el secreto, ha suscitado resistencias y perplejidades en el mundo occidental, que mira con desconfianza y disgusto la incautación de un determinado patrimonio cognoscitivo o espiritual por parte de una elite restringida de personas. El hombre occidental se siente impulsado a la información y a la participación, a divulgar los conocimientos, a convertir en bien común la experiencia particular de un individuo o de un grupo. Esta tendencia se ha expresado en la creciente publicación de libros y en la multiplicación de cursos sobre el enneagrama en Estados Unidos y en otros países.

Occidente, abriendo esta «caja de Pandora», se ha expuesto al riesgo de transformar el enneagrama en un bien de consumo, en iniciativas comerciales, en conocimientos superficiales de masa, en una moda pasajera. Oriente, por su parte, concibe el conocimiento interior como un tesoro que hay que distribuir inteligentemente. Al dar la primacía, en la enseñanza oral del enneagrama, a personas profundamente motivadas en la búsqueda de la verdad, ha conservado el valor secular de esta tradición y ha favorecido el que sea un camino gradual de interiorización para discípulos bajo la guía de los maestros.

La orientación occidental ha provocado rupturas y divisiones dentro del movimiento: la aparición de las primeras publicaciones de autores como O'Leary, Riso y Palmer provocó fuertes reacciones por parte de Ichazo, que se querelló aduciendo violación de derechos de autor, con las largas secuelas legales que conllevan estas prácticas. Además de Óscar Ichazo, otros exponentes históricos (como Claudio Naranjo, Kathleen Speeth...) han manifestado su contrariedad por la divulgación del patrimonio del enneagrama a las masas, viendo en ello distorsiones, manipulaciones y peligros. En cualquier caso, la mayor parte de los autores modernos son claramente partidarios de dar a conocer a la mayor cantidad de público posible la riqueza y las potencialidades de este instrumento. Aun siendo conscientes de los riesgos y las interpretaciones subjetivas que se pueden hacer del material, el esfuerzo consiste en conjugar las intuiciones históricas con las aportaciones creativas y originales de la investigación y la reflexión modernas.

Avances recientes

Gran parte del mérito por la rápida difusión y conocimiento del enneagrama hay que atribuírsela a Bob Ochs y al núcleo restringido de estudiantes jesuitas que asistieron a sus cursos en la Loyola University de Chicago, al principio de la década de los setenta.

Bob Ochs, responsable de la formación pastoral de los jesuitas, participó con Helen Palmer, Kathleen Speeth y otras personas en los cursos sobre el enneagrama impartidos por Claudio Naranjo en Berkeley, California, y se sintió entusiasmado. Volvió a Chicago y dirigió un curso sobre el enneagrama con el fin de transmitir a sus estudiantes las intuiciones del sistema, adaptándolas al contexto y al pensamiento católicos. La respuesta activa y entusiasta de los participantes favoreció el nacimiento de un grupo de estudio para la profundización, la asimilación y el estudio ulteriores de la teoría. Las primeras notas escritas sobre los tipos de personalidad se distribuyeron en 1972-73 en seminarios informales celebrados en los centros teológicos de los jesuitas, la Loyola University de Chicago y la Universidad de Berkeley en California.

A su vez, los discípulos, que gradualmente se convirtieron en maestros, llevaron el enneagrama fuera de los círculos restringidos y transmitieron sus contenidos en Estados Unidos, Europa, África, América del Sur y Asia, mediante retiros, conferencias, seminarios intensivos y dinámicas comunitarias.

El grupo de estos primeros jesuitas (entre ellos O'Leary, Wagner, etc.) contribuyó, directa o indirectamente, a la formación de otras personas (Rohr, Riso) que, con sus libros y sus cursos, han desempeñado un importante papel en el desarrollo del movimiento. A partir de 1976, Helen Palmer, portavoz convencida de la tradición oral, comenzó a entrevistar directamente a grupos de participantes y sentó las bases de una escuela formativa, sirviéndose más tarde de la estupenda colaboración de David Daniels, profesor de psicología en la Universidad de Stanford, en California.

Mientras tanto, el interés por el enneagrama se ha ido extendiendo rápidamente y han surgido escuelas formativas y aplicaciones a diversos ámbitos de la vida.

En síntesis, el desarrollo histórico del enneagrama se puede delinear con el diagrama siguiente, en el que aparece claramente su proceso de transmisión en el tiempo:

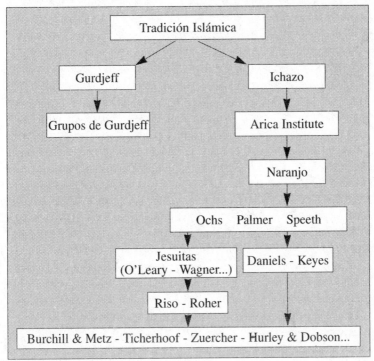

Cada autor tiende a mantener una dirección específica y ofrece una aportación particular al conocimiento del enneagrama.

Hay autores que tienden a privilegiar el aspecto psicológico del sistema, como Riso y Keyes; otros ponen su empeño en integrar sus dimensiones psicológica y espiritual, como M. Beesing & O'Leary, H. Palmer, R. Rohr, K. Hurley & T. Dobson; hay otros que se orientan más a los aspectos espirituales del enneagrama, como B. Teacheroof, S. Zuercher, B. Metz & J. Burchill, R. Nogosek y P. Hannon.

2
Los contenidos del enneagrama

2.1. El símbolo del enneagrama

Al parecer, el símbolo del enneagrama se remonta a hace más de dos mil años, y durante todos estos siglos ha sido usado por guías y maestros epirituales antes de que Gurdjeff lo diera a conocer en el mundo occidental. El símbolo está formado por un círculo dividido en nueve puntos equidistantes en la circunferencia y relacionados entre sí en un orden determinado. El símbolo expresa la ley universal del *siete* y la del *tres,* que pueden aplicarse a cualquier acontecimiento.

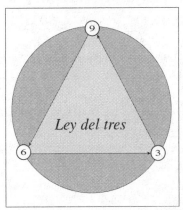 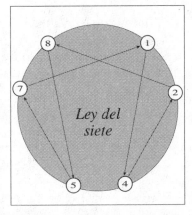

En el enneagrama, la «ley del tres» está representada por el triángulo 3-6-9, y la «ley del siete» por la relación de puntos 1-4-2-8-5-7. Ambas leyes están presentes en el enneagrama, de forma que reflejen la complementariedad y la interrrelación.

Un punto útil de referencia para comprender la representación gráfica del enneagrama es el descubrimiento matemático del sistema decimal en el siglo xv[1].

El enneagrama es un símbolo que sintetiza perfectamente las leyes del universo, los mecanismos y los procesos que lo caracterizan, así como las verdades relacionadas con el ser humano, por lo que se puede comprender a éste estudiando las leyes del universo, y viceversa.

El enneagrama ha servido a lo largo de los siglos para comprender la cosmología, las matemáticas, la filosofía, la química, el arte y la música, los movimientos y las fuentes de energía. En cuanto a la aplicación del símbolo a la personalidad, su desarrollo es relativamente reciente y se le puede atribuir a Óscar Ichazo, que estableció en los diversos puntos de la circunferencia las nueve fijaciones del yo. Desde ese momento, el símbolo usado para comprender las leyes de la naturaleza se transfiere al ámbito del autoconocimiento y da vida a un desarrollo dinámico y variado que abarca la espiritualidad, la psicología, el ámbito educativo, sanitario, empresarial, etc.

2.2. Los tres centros operativos de la personalidad

El enneagrama postula la existencia en cada persona de tres centros de inteligencia y energía: la cabeza, el corazón y las vísceras. El proceso de desarrollo de la personalidad comienza cuando predomina en la persona un centro sobre los demás.

---

1. La ley de la unidad se refleja en todos los fenómenos. Si dividimos 1 entre 3. obtenemos una serie infinita de 3: $(1:3 = 33333...)$. La suma de otra subdivisión del decimal entre 3 produce una serie infinita de 6: $(1:3+1:3 = 2:3 = 66666...)$. La suma de otra subdivisión del decimal entre 3 produce una serie infinita de 9: $(1:3+1:3+1:3 = 3:3 = 99999...)$.

Cuando la unidad se divide entre 7, se obtiene otra combinación más compleja de números: $1:7 = 142857142857$; $2:7 = 285714$; $3:7 = 428571$, etc. El enneagrama es el símbolo que representa y ayuda a comprender el proceso de todo organismo y del cosmos: seis de las líneas que unen los puntos de la circunferencia (285714) se obtienen dividiendo la unidad por 7; las otras tres forman el triángulo interno (3-6-9) y se obtienen dividiendo la unidad por 3 (cf. también OUSPENSKY, *op.cit.*, p. 323).

La primera tríada (personalidad, 8-9-1) tiende a gravitar alrededor del centro visceral; la segunda (personalidad, 2-3-4) alrededor del centro emotivo; y la tercera (personalidad, 5-6-7) alrededor del centro intelectivo.

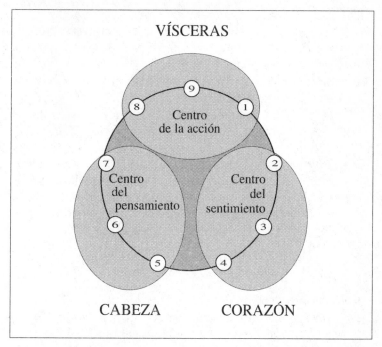

Gurdjeff, el autor de la teoría, caracteriza a las personas según el centro de energía predominante: la persona «1» tiene su centro de gravitación en el centro motor; la «2», en el centro emocional; la «3», en el centro intelectivo. Cada una percibe el mundo o toma decisiones de modo diferente[2]

— En el «1» predomina la pregunta «Qué hago?»

— En el «2» predomina la pregunta «Qué siento?»

— En el «3» predomina la pregunta «Qué pienso?»

---

2.   OUSPENSKY, *op. cit.*, p. 83.

Esquemáticamente, podemos resumir así las orientaciones de cada centro:

CENTRO INSTINTIVO, O DE LAS VÍSCERAS (8-9-1)

Órgano simbólico: el aparato digestivo.

Tema principal: la supervivencia, la autoconservación, la seguridad.

Preocupación: el poder y la justicia.

Funciones privilegiadas: el movimiento, la acción, la sexualidad, la necesidad de control, la llamada a los valores, a las convicciones y a la fuerza de voluntad de las que brota la acción. *Programación de la vida: práctica.*

Filtro importante de la realidad: el oído (la escucha, como presupuesto de las propias acciones y reacciones).

Palabra clave: la acción (la vida vista como desafío).

Tiempo de referencia: el pasado, del que se alimenta la memoria histórica, que ilumina y guía la acción.

Verbo: «hacer», «crear».

CENTRO EMOTIVO, O DEL CORAZÓN (2-3-4)

Órgano simbólico: el corazón.

Tema principal: «los demás», o las relaciones interpersonales (¿Qué necesitan? ¿Me aceptan? ¿Cómo me ven?...).

Preocupación: la imagen y el prestigio.

Funciones privilegiadas: los sentimientos, las necesidades relacionales, la atención a los mensajes y a la comunicación verbal y no verbal de los interlocutores; la trascendencia. *Programación de la vida: relacional.*

Filtro importante de la realidad: el gusto y el tacto (permiten establecer relaciones).

Palabra clave: el proceso interactivo (la vida vista como un compromiso).

Tiempo de referencia: el presente como oportunidad concreta para el encuentro, el intercambio y la confrontación.

Verbo: «sentir».

CENTRO INTELECTIVO, O DE LA CABEZA (5-6-7)

Órgano simbólico: el cerebro.

Tema principal: tener una visión global de las cosas para afrontarlas objetivamente.

Preocupación: el temor a equivocarse.

Funciones privilegiadas: el análisis y la síntesis, el uso de la fantasía y de la imaginación para dilatar los horizontes, la elaboración de planes y estrategias, la objetividad y el procedimiento lógico, la capacidad de decisión. *Programación de vida: hipotética o ideal.*

Filtro importante de la realidad: el ojo, para observar, recoger datos e informaciones con vistas a una decisión más sabia.

Palabra clave: el conocimiento (la vida vista como un enigma).

Verbo: «pensar».

Es importante recordar que los tres centros están presentes en cada persona, pues no se puede vivir sin cabeza, sin corazón o sin aparato digestivo. Cada centro hace su aportación y ofrece una perspectiva para la integración de las potencialidades humanas.

Fijémonos, por ejemplo, en la actitud de un individuo que corre una carrera de maratón. Si predomina en él el centro de la cabeza, se preguntará: ¿Cuántos kilómetros he recorrido? ¿Cuántos me quedan hasta la llegada? ¿Es favorable el viento o contrario? ¿Quién va escapado?... El corredor de maratón en el que predomina el centro visceral considera si tiene fuerzas suficientes para llegar a la meta, está atento a su ritmo, aprieta los dientes porque quiere conseguirlo a toda costa. El atleta maratoniano en el que predomina el centro emotivo, mira alrededor para ver si hay gente conocida entre los espectadores, sonríe a quien le aplaude y le anima, se pregunta quién estará esperándole en la meta.

Los centros son necesarios y complementarios. El peligro aparece cuando su funcionamiento es inadecuado o desequilibrado. Puede suceder que el centro intelectivo predomine excesivamente sobre los demás y que desarrolle, por ese motivo, una actitud muy racional y teórica que sacrifique los sentimientos o la acción. A veces el centro relacional puede verse excesivamente condicionado por los estados de ánimo o por las emociones, y ello afecta al análisis objetivo de la situación y hace que se renuncie a la acción. Otras veces el centro de la acción, o centro creativo, se concentra excesivamente en sus proyectos o en lo que debe hacer, y ello le lleva a descuidar las exigencias relacionales o las capacidades de valoración.

La persona es madura en la medida en que sabe discernir en las diferentes circunstancias a qué centro de comprensión o de energía debe apelar para afrontar de manera eficaz y creativa los retos de la vida.

Los centros de la persona funcionan de alguna manera como los instrumentos de una orquesta. Hay instrumentos de viento (flauta, trompa, saxo, clarinete...) que representan el centro de la cabeza; instrumentos de cuerda (arpa, violín, violonchelo...) que representan el centro del corazón, e instrumentos de percusión (batería, tímpano, bombo...) que representan el centro de las vísceras. En la medida en que cada uno de ellos se utiliza en el momento adecuado de la partitura, su aportación añade belleza y creatividad a la sinfonía.

2.3. Un instrumento para individuar la personalidad

Hay diferentes itinerarios para descubrir cuál es la personalidad de uno: escuchar explicaciones o leer libros que describen los diversos tipos de personalidad; participar en ejercicios introspectivos bajo la guía de un experto, haciendo verificaciones en grupo; observar entrevistas en directo con personas representativas de las nueve personalidades; responder a «teso» o cuestionarios...

Este último método es especialmente eficaz para los menos versados en estas experiencias: respondiendo sin condicionamientos a una serie de frases, el sujeto puede llegar a concretar cuál es su personalidad o, al menos, a circunscribirla a dos o tres tipos de personalidad en las que ha obtenido una puntuación particularmente alta.

En los últimos años, diversos autores norteamericanos han elaborado una numerosa serie de «teso» con el fin de llegar a una aproximación lo más perfecta posible de la personalidad. Sin embargo, y a pesar de sus loables esfuerzos, no existe un «test» definitivo capaz de establecer con certeza la personalidad de un individuo. El cuestionario que presentamos adapta preguntas de los teso de O'Leary y Riso, con algunas modificaciones y adaptaciones mías convalidadas en cursillos sobre el enneagrama que he impartido en Italia, España y América Latina.

CUESTIONARIO

(Las siguientes frases describen una serie de actitudes, comportamientos y sentimientos. Señala con una cruz las frases que reflejan, *en general,* un modo típico tuyo de sentirte o de comportarte).

A

1. Tengo una tendencia instintiva a evaluar las situaciones.
2. Suelo irritarme cuando las cosas no funcionan como deberían.
3. Soy metódico y organizado en mi trabajo.
4. Suelo sentirme culpable si las cosas no salen bien.
5. Mi sentido del deber me lleva a sacrificar el tiempo dedicado al ocio y al descanso.
6. Tiendo por naturaleza a ser crítico y exigente conmigo mismo y con los demás.
7. Con frecuencia me siento tenso y frustrado.
8. Mi conciencia me lleva a obrar rectamente, aun en contra de mis intereses.

9. A menudo tengo la sensación de que el tiempo pasa excesivamente deprisa y de que aún quedan muchas cosas por hacer.
10. Tengo tendencia a ser perfeccionista.
11. Me molestan particularmente las injusticias.
12. Siento constantemente la necesidad de mejorar las cosas que no van bien.
13. Tiendo a cuidar los detalles, el orden y la precisión.
14. El contacto con la naturaleza me ayuda a relajarme.
15. Me siento inclinado a ver las cosas en términos de «correcto o incorrecto», «bueno o malo».
16. Noto en seguida si algo no funciona o está fuera de lugar.
17. A veces mi cicatería y exigencia con los demás me hace parecer antipático.
18. Me esfuerzo constantemente por corregir mis defectos.

B

1. Muchas personas dependen de mi ayuda y de mi generosidad.
2. Me gusta sentir que los demás me necesitan.
3. Tiendo a pensar que los demás se desentienden de mis necesidades.
4. Me siento inclinado a ser obsequioso con la gente.
5. Me gusta ayudar a las personas cuando se encuentran en dificultades.
6. Lo quiera o no, me siento casi obligado a ayudar.
7. La gente suele acudir a mí en busca de consejo y ayuda.
8. No me parece tener tantas necesidades como los demás.
9. A veces siento un cierto resentimiento cuando los demás no muestran su agradecimiento por lo que hago por ellos.
10. Trato de establecer una relación de intimidad con las personas.

11. Cuando me encuentro en un grupo, doy más importancia a los contactos con las personas que a los objetivos de la reunión.
12. La dimensión afectiva es determinante para mí.
13. No trato de imponer mis ideas a los demás, pero, si lo hago, es por su bien.
14. El contacto con los amigos, lo cuido yo más que ellos.
15. No me importa sacrificarme por los demás, con tal de hacerles felices.
16. Suelo obedecer a mi instinto y a mi emotividad a la hora de actuar.
17. A veces tengo el peligro de ser un tanto atosigante y absorbente con los demás.
18. Necesito contactos para sentirme vivo.

C

1. Tengo un nivel muy alto de energía.
2. Me gusta trabajar en equipo y lo promuevo eficazmente.
3. Soy propenso a valorar la eficacia y la profesionalidad.
4. Me resulta natural procurar la buena organización y el éxito de un proyecto.
5. Tiendo a tener objetivos claros y a trabajar con tenacidad para conseguirlos.
6. Trato de disponer de puntos de referencia para evaluar cómo van las cosas.
7. Tengo necesidad de protagonismo y me esfuerzo en dar una buena imagen de mí mismo.
8. Para tener éxito, a veces hay que sacrificar los propios principios.
9. Vivo con cierta tensión, porque me propongo demasiados objetivos.
10. Me siento molesto cuando critican lo que he hecho.
11. Me adapto con facilidad a las situaciones.
12. Puedo identificarme con mi trabajo hasta el punto de descuidar los sentimientos y las relaciones.

13. Tengo la capacidad de ser persuasivo y convincente a la hora de promover una idea o un proyecto.
14. Soy visto por los demás como una persona segura y decidida.
15. Puedo servirme de las personas para conseguir mis objetivos.
16. Soy una persona emprendedora y sostenida por fuertes motivaciones.
17. Me pongo en acción con mucha facilidad.
18. Contagio mi entusiasmo y mi optimismo a los demás.

D

1. En cualquier relación, lo más importante para mí son los sentimientos.
2. Soy propenso a la nostalgia y la melancolía y a revivir el pasado.
3. Me atrae lo simbólico y me comunico con el lenguaje de los símbolos.
4. Tiendo con frecuencia a vivir en el mundo de la imaginación y de la fantasía.
5. A menudo, los demás no entienden cómo me siento.
6. Soy una persona muy sensible a los sufrimientos de los demás.
7. Me esfuerzo por hacer las cosas con gusto y por dotar de un estilo propio al ambiente en el que vivo.
8. Me considero una persona especial.
9. Pienso con frecuencia en el tema del sufrimiento y de la muerte.
10. Me siento insatisfecho cuando no consigo expresar bien lo que siento.
11. Me parece que sufro más que los demás cuando se rompe una relación o se produce un distanciamiento.
12. Con frecuencia muestro un rostro sonriente aunque por dentro me sienta triste.
13. Tiendo a idealizar a las personas cuando están lejos.
14. Con frecuencia tengo la sensación de que me falta algo o alguien en la vida.

15. La dimensión artística me resulta vital para expresar mis emociones.
16. Suelo tener cambios de humor muy acusados.
17. Me identifico de tal modo con los demás que siento como mías sus heridas.
18. Me gustan las situaciones que provocan emociones intensas y profundas.

E

1. Tiendo a ocultar mis sentimientos.
2. Soy propenso a acumular cosas que un día podrían servirme.
3. Puedo dar a algunos la impresión de ser frío y distante.
4. Me gusta examinar y considerar ideas diferentes.
5. Me disgusta cuando me preguntan qué es lo que siento.
6. Tengo necesidad de mucho tiempo y mucho espacio para mí.
7. Prefiero observar, más que ser el centro de atención.
8. Me estimula todo lo que amplía mis horizontes y mis conocimientos.
9. Trato de no improvisar una intervención en público, para evitar quedar mal.
10. Me esfuerzo en hacer que se respeten mi libertad y mi independencia.
11. Procuro analizar las cosas y ser objetivo.
12. No soy propenso a compartir con generosidad lo que tengo (tiempo, ideas, dinero...).
13. Me fastidian las personas que no son lógicas.
14. Prefiero trabajar solo, más que en equipo.
15. Las sorpresas me producen malestar.
16. Prefiero mantenerme a cierta distancia de la gente.
17. Me cuesta pedir a los demás que me ayuden.
18. Por naturaleza, soy más bien cauto y reservado.

F

1. Fundamentalmente, soy una persona bastante equilibrada.
2. Considero importante ser fiel a los compromisos y a las personas.
3. Me resulta difícil desobedecer a la autoridad y a las normas establecidas.
4. Antes de tomar una decisión, trato de informarme exhaustivamente para evitar equivocarme.
5. En mi trabajo, procuro conocer las expectativas y las líneas de comportamiento.
6. Cuando se me presiona, me pongo tenso e irascible.
7. Por naturaleza, soy más bien inseguro e indeciso.
8. Me resulta sumamente incómoda la ambigüedad.
9. A menudo hago las cosas movido por el sentido del deber y de la responsabilidad.
10. Cuando tengo que tomar una decisión, prefiero conocer antes el parecer de los demás.
11. Aunque suelo hacer lo que se espera de mí, a veces puedo rebelarme.
12. La prudencia es una virtud muy importante para mí.
13. Tiendo a criticar a quien se comporta de modo diferente.
14. Tengo un fuerte sentido del «grupo» en todo lo que se refiere a la familia, a las instituciones y a la comunidad.
15. Soy un buen colaborador, y los demás pueden fiarse de mí.
16. Tiendo a tener muchas dudas que bloquean mi libertad.
17. Prefiero sacrificar mi independencia con tal de sentirme más seguro.
18. Tengo tendencia a anticipar e imaginar muchos peligros.

G

1. Son más las cosas que proyecto que las que concluyo.
2. Me aburren la rutina y la repetición.
3. Al final, todo se resuelve del mejor modo posible.

4. Me gusta que los demás me consideren una persona feliz.
5. Tiendo a ver el lado positivo de la vida, no el negativo.
6. Me siento a gusto con casi todas las personas con las que me encuentro.
7. Me gusta disfrutar de todo un poco en la vida.
8. Soy una persona espontánea y tiendo a ser optimista con respecto al futuro.
9. Con frecuencia me consideran el «alma» del grupo.
10. Me encanta participar en fiestas, viajar, comer en restaurantes...
11. Evito pararme a pensar en cosas que podrían deprimirme.
12. Me esfuerzo por lograr que todo resulte agradable.
13. Algunas personas me consideran superficial.
14. Me gusta levantar el ánimo a las personas.
15. Me da un miedo enorme el sufrimiento.
16. Me resisto a aceptar compromisos a largo plazo.
17. Es mucho mayor mi entusiasmo que mi perseverancia.
18. Prefiero las conversaciones ligeras e intranscendentes que las serias y profundas.

H

1. Soy muy capaz de tomar partido y luchar por aquello en lo que creo.
2. No soporto a quien «cambia de chaqueta» en función de las conveniencias.
3. Expreso fácilmente mi desacuerdo con lo que no comparto.
4. No me dejo manipular y soy capaz de enfrentarme a cualquiera.
5. Sé hacer uso de la fuerza, aunque ello pueda intimidar a los demás.
6. Enseguida veo dónde reside el poder en un grupo.
7. Soy una persona realista, decidida y resuelta.
8. No me es fácil expresar mi ternura.

9. Tiendo más a actuar que a detenerme en los sentimientos.
10. La justicia y la injusticia son temas importantes para mí.
11. Cuando tengo que decir «no», lo hago sin dudar.
12. El control es una palabra importante para mí.
13. No me gusta que me digan que debo conformarme.
14. Me considero un trabajador empedernido.
15. Me irrito cuando se da largas a un asunto.
16. A veces puedo ser demasiado impetuoso e impositivo.
17. Cuando alguien me resulta antipático, suelo encontrar el modo de que se entere.
18. Con frecuencia, el parecer de los demás no me interesa.

I

1. La mayoría de la gente se precipita en exceso.
2. Soy de carácter pacífico, tranquilo y acomodaticio.
3. Me gustan la rutina y las cosas conocidas y familiares.
4. Me molestan las situaciones conflictivas.
5. No soy propenso a juzgar a las personas.
6. Tengo cierta tendencia a dejar para mañana lo que podría hacer hoy.
7. La iniciativa no es mi fuerte; necesito estímulos externos para hacer las cosas.
8. Vivir en paz y armonía es lo más hermoso del mundo.
9. Mi calma y mi lentitud pueden irritar a los demás.
10. Puedo ser un árbitro imparcial y equilibrado.
11. Me resulta difícil decir que no.
12. Soy propenso a reprimir los sentimientos.
13. Tiendo a relativizar y minimizar las tensiones.
14. Tengo una cierta tendencia a infravalorarme.
15. Soy bastante conservador en mi escala de valores.
16. Tengo cierta dificultad en centrar mi atención.
17. No merece la pena enfadarse cuando las cosas marchan mal.
18. Soy más propenso a resignarme que a luchar.

TIPO DE PERSONALIDAD

	A	B	C	D	E	F	G	H	I
1									
2									
3									
4									
5									
6									
7									
8									
9									
10									
11									
12									
13									
14									
15									
16									
17									
18									
	Idealista	Ayudador	Organizador	Artista	Observador	Colaborador	Optimista	Jefe	Mediador

Los números (1-9) de la parte superior se refieren a cada uno de los cuestionarios, y la personalidad vinculada a cada uno de ellos figura en la parte inferior. Los números de la izquierda (1-18) se refieren a cada una de las preguntas que en dichos cuestionarios se proponen. Ponga una señal en aquellas casillas en que sus respuestas sean positivas. La columna o columnas en que se junte el mayor número de respuestas le dará una buena pista para descubrir su propia tipología.

2.4. Las nueve personalidades

Examinando el gráfico resultante de las respuestas al cuestionario, el interesado puede ver sus características más sobresalientes y las más débiles. Es evidente que en cada individuo hay características de otras personalidades. El objetivo, en este caso, consiste en centrar la atención sobre la personalidad de fondo, de cuyo tronco brotan diversas ramificaciones.

En la presentación tradicional del enneagrama, la tendencia consistía en identificar las personalidades partiendo de las *connotaciones negativas*. Sin embargo, a la luz de la tradición cristiana, según la cual toda persona comienza su vida como expresión de la Divinidad, la ilustración de las nueve personalidades se hace partiendo de los dones y las características positivas de cada cual.

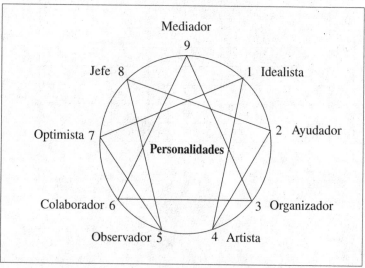

La dificultad para reconocerse en una tipología determinada puede deberse a:

— una definición de la propia identidad en función de lo que piensan los demás;

— un nivel muy limitado de autoconocimiento;

— una imagen ideal de sí que no refleja la realidad.

1. Nadie está dotado de una personalidad pura: cada cual tiene un conjunto original e irrepetible de características relacionadas con las nueve personalidades.
2. La atribución de un número a cada una de las nueve personalidades no es significativa; es decir, la personalidad «1» no es preferible a la «9».
3. La designación de los tipos mediante el uso de números tiene la ventaja de la neutralidad, en el sentido de que los números no tienen connotaciones positivas ni negativas. Son útiles, sin ser peyorativos.
4. La descripción de los tipos tiene carácter universal y se aplica igualmente a hombres y mujeres de diversas culturas.
5. No todas las características descriptivas del tipo se aplican a cada individuo, pues cada cual se encuentra en un momento diferente de crecimiento. La pertenencia a una determinada tipología está vinculada a la presencia de algunas tendencias y dinámicas de fondo típicas de esa personalidad.
6. Aunque algunos rasgos de la personalidad pueden ser más deseables y apreciados en una cultura determinada, ninguna tipología es objetivamente mejor que otra. Cada una tiene sus ventajas y sus puntos débiles.
7. El estudio de los tipos no pretende etiquetar a las personas, sino comprenderlas mejor.
8. A lo largo de la vida, la personalidad fundamental del individuo no cambia. Lo que cambia es el modo de mejorar la propia personalidad integrando elementos que realizan sus potencialidades.

2.5. Las cualidades positivas de cada personalidad

En las páginas que siguen se describen las cualidades positivas de cada una de las nueve personalidades, algunas claves autobiográficas de interpretación, algunas indicaciones sobre sus afinidades profesionales y un personaje representativo que refleje sus características.

***

El término «idealista» no debe entenderse en el sentido de que se viva en un mundo imaginario, sino como tendencia constante a perseguir determinados ideales, desplegando para ello las mejores energías.

Los idealistas profesan unos profundos valores inspirados en criterios éticos elevados, como la integridad, la rectitud, la justicia y la verdad. Con tal de salvaguardar los principios en los que creen, están dispuestos a sacrificar sus intereses, como pueden ser la carrera profesional o unas prometedoras expectativas económicas.

Sienten visceralmente la lucha entre el bien y el mal, entre lo correcto y lo incorrecto, y se afanan por asegurar el triunfo del bien y de la justicia. Su energía se canaliza en el esfuerzo por mejorar la realidad, tanto dentro como fuera de ellos mismos, para contribuir a crear un orden moral. Valoran la honradez y la imparcialidad y tienden a ser objetivos y equilibrados en sus juicios.

En cuanto al trabajo, tratan de destacar y de hacer las cosas con orden y precisión, cuidando los detalles. Por ejemplo, si tienen que dar una clase, preparan cuidadosamente el material, investigando lo necesario, luego revisan los diversos puntos para asegurarse de que el conjunto queda claro, y finalmente lo exponen con seriedad y competencia. Se distinguen por su estilo disciplinado, metódico y bien organizado.

Prefieren centrar su atención en uno o dos proyectos que tengan entre manos, sin dispersarla en demasiadas cosas distintas. Ponen empeño en hacer bien su trabajo y viven con cierto disgusto las interrupciones e intromisiones provocadas por otros, especialmente porque contribuyen a disminuir la calidad de su trabajo. Además, en general, no delegan en otros la tarea de llevar adelante determinados proyectos, convencidos como están de que no lo harían tan bien como ellos. Más aún, frecuentemente sienten la necesidad de tener que rehacer el trabajo de otros, porque les parece que está mal.

Son personas activas, capaces de tomar la iniciativa y de dar vida a nuevos proyectos. Muchos tienen cualidades destacadas de líderes y son capaces de asumir funciones de guía dentro de sus respectivos grupos de pertenencia.

El estilo de los idealistas se distingue por la atención a los detalles, por la conformidad con los procedimientos, por la ejecución cuidadosa de los compromisos y por la capacidad para llevarlos a término.

Clave autobiográfica

Socialmente, los idealistas suelen provenir de familias educadas en la disciplina y el deber, en las que era importante comportarse correctamente para merecer la aprobación de los padres. El idealista ha asumido desde niño esas expectativas de sus padres y ha tratado de hacer todo lo mejor posible como condición para ser aceptado. De adulto sigue esforzándose por dar una imagen «limpia» de sí, sonríe con frecuencia y posee una especie de encanto y magnetismo social. Aprecia los cumplidos si son concretos y provienen de personas en las que ha depositado su confianza. La naturaleza es una fuente de distensión que le ayuda a liberarse de las tensiones y a recobrar la serenidad. En cuanto a su carácter, el idealista tiende a ser más bien tímido e introvertido.

Afinidades profesionales

Los idealistas pueden destacar especialmente en aquellas carreras en las que se insiste sobre todo en la dimensión ética de la acción o se privilegia la preparación del trabajo, como pueden ser la enseñanza, la cirugía, la dirección espiritual, la investigación, el mundo de las finanzas, el ámbito misionero y de la predicación, la programación, etc.

Personaje representativo: el juez Di Pietro

En un momento crítico de la política italiana, Di Pietro se convirtió en símbolo de la búsqueda de la honradez y la justicia, gracias a su investigación «Manos limpias», que recogió revelaciones y testimonios de personas del mundo político, empresarial y económico del país. Su trabajo, realizado con método y disciplina, escuchando pruebas y contrapruebas, verificando cada detalle, permitió clarificar los abusos de poder y los juegos políticos y económicos que caracterizaron la vida italiana de las últimas décadas.

***

Número «2»: Ayudador

El término «ayudador» capta la esencia de esta personalidad, que se expresa mejor cuando tiene la oportunidad de responder a las necesidades del prójimo. A esta tipología pertenecen las personas para las que la relación es la dimensión más importante de la existencia, y el amor y la amistad son las palabras más significativas del vocabulario.

Son, por naturaleza, personas de gran corazón y que saben intuir las necesidades del prójimo, siendo incluso capaces de descifrar sus mensajes no verbales.

Interpretan en primera persona el conjunto de virtudes humanas y cristianas predicadas por la Iglesia y estimadas por la sociedad, como son la disponibilidad, la generosidad, el amor al prójimo, el sacrificio y la caridad. La presencia y aportación de los ayudadores son esenciales en la vida social, porque interpretan el papel del Samaritano que se acerca a quien sufre para aliviar su dolor y acompañarlo en su viaje de esperanza.

Su capacidad de entrega les lleva a dedicarse a las causas en las que mayor necesidad hay de calor humano y de solidaridad; por eso se hacen presentes en residencias de ancianos, en centros para toxicómanos, en instituciones para enfermos de SIDA o para moribundos, junto a los minusválidos y sus familiares... Son personas capaces de grandes gestos de abnegación, de altruismo y de amor incondicional al prójimo, tanto en el ámbito privado como en el público. Su energía afectiva está constantemente volcada hacia los demás, a los que convierten en centro de su atención.

Sus opciones están guiadas por las vibraciones del corazón, más que por el razonamiento. Incluso en el ámbito del trabajo, dan preferencia a las personas y sus necesidades, más que a las cuestiones prácticas o técnicas. Sus destacadas dotes sociales les hacen especialmente atractivos para quienes tienen necesidad de comprensión y apoyo. Transforman un encuentro casual en una relación de ayuda, tanto en el ámbito del trabajo como en los viajes o en otros contextos sociales. El desconocido se abre a él casi sin darse cuenta y le confía sus vicisitudes y su intimidad, para ser escuchado y recibir sus generosos consejos:

«Son como el fuego del hogar que invita a calentarse a quien se encuentra en medio de una tempestad. La persona vulnerable abre su corazón frente a la acogida que le ofrece el ayudador y se da cuenta de que, tras contarle su historia, éste reanudará su marcha en la noche, en busca de otra alma perdida»[3].

Los ayudadores dan lo mejor de sí mismos cuando los demás se encuentran en situación de crisis. Son eficaces y saben desplegar rápidamente sus recursos para responder a la necesidad. Están dispuestos a que acudan a ellos a cualquier hora, incluso en mitad de la noche, y ofrecen sugerencias personales para superar la crisis, seguros de que cualquier problema tiene solución.

Clave autobiográfica

Desde el punto de vista social, los ayudadores pueden provenir de familias en las que, cuando eran niños, se les premiaba y conseguían la aprobación en la medida en que res-

---

3. Hurley-Dobson, *What's my tipe*, p. 24.

pondían a las necesidades de los demás y no pensaban en sí mismos. Tal vez han tenido que atender a una madre enferma, a un abuelo senil o a una hermana minusválida, lo cual les ha permitido desarrollar mejor las actitudes maternales. Han descubierto e interiorizado muy tempranamente esta idea: «Los adultos me quieren cuando les ayudo». Algunos han sufrido quizá la falta de manifestaciones afectivas y compensan ahora su vacío dando a los demás lo que ellos no recibieron. Otros han crecido en familias en las que el padre o la madre eran profundamente altruistas, y se sienten inclinados a imitar su ejemplo.

Al llegar a adultos han potenciado las aptitudes relacionales, cultivando la empatía, la cordialidad y la diplomacia. Saben conquistar a las personas recurriendo a cumplidos o expresándoles positivamente su aprecio. En particular, están especialmente atentos a observar los gustos de aquellos a los que aman y admiran, y aprovechan fechas especiales (aniversarios, cumpleaños, etc.) para manifestarles su afecto mediante cartas y regalos personalizados.

Afinidades profesionales

Los ayudadores se sienten a sus anchas en aquellas profesiones que priman la atención al prójimo y la solidaridad, como son todas las relacionadas con el mundo de la salud (enfermeros, médicos, asistentes sociales...), la pastoral y el voluntariado. Pueden prestar además un servicio estupendo en aquellas actividades que requieren capacidad de relación, como el caso de consejeros, jueces de paz o cargos diplomáticos.

Personaje representativo: Madre Teresa de Calcuta

La Madre Teresa es conocida en todo el mundo por su amor a los pobres y su abnegación. Después de abandonar la Congregación en la que había ingresado, fundó una comunidad totalmente consagrada a los niños, a los marginados y a los moribundos de la India y del mundo entero. Es un símbolo actual de caridad y de entrega absoluta al prójimo.

***

NÚMERO «3»: ORGANIZADOR

El término «organizador» refleja la actitud de fondo de la personalidad orientada a emplear su tiempo y sus energías en la realización de determinados objetivos y proyectos. Las dotes organizativas y creativas de estas personas les permiten asumir papeles importantes para el cambio; su capacidad para llevar a cabo proyectos y tener éxito en las actividades emprendidas son garantía de competencia y profesionalidad.

Se distinguen por la claridad de objetivos, por el alto nivel de energía que les anima, por la confianza con que miran el futuro y por la intensidad con que trabajan. Consideran la actividad como un antidepresivo natural y llevan adelante muchos proyectos simultáneamente, demostrando excepcionales aptitudes para pasar rápidamente de la propuesta de una idea a la realización de la misma. En el ejercicio de la profesión, prefieren la variedad más que el cuidado de los detalles, la productividad más que la elaboración teórica, el recurso a la imaginación y a la creatividad más que la seguridad vinculada a fórmulas conocidas. Viven la vida con pasión, y su entusiasmo y optimismo son contagiosos. Basándose en sus capacidades comunicativas, implican a los demás en el logro de sus objetivos y saben promover eficazmente ideas y programas.

Saben presentarse de manera eficaz y atractiva, empleando sus óptimas capacidades personales para la interacción social. Pillan al vuelo las oportunidades y tienen una habilidad innata para adaptarse a las necesidades, para entrever nuevas posibilidades y para descubrir estrategias o metodologías eficaces para la consecución de los objetivos. Son actores natos: cuidan mucho su imagen y saben valerse de los instrumentos adecuados para ganarse la aprobación y la admiración.

También son animadores y estimuladores del potencial de los demás, afianzando y promocionando sus talentos.

El estilo de los organizadores se distingue por su confianza en sí mismos, por su intensa motivación, por su practicidad y por su ambición.

Clave autobiográfica

Desde el punto de vista social, muchos organizadores provienen de ambientes familiares en los que se han sentido valorados no en función de sus sentimientos, sino en la medida en que obtenían el éxito y ofrecían de sí mismos una imagen convincente. Han crecido tratando de ganarse el reconocimiento y la atención mediante la calidad de su estudio y su trabajo.

Tratan de afirmarse de diferentes maneras: unos lo hacen en el plano académico, esforzándose por conseguir un título; otros a nivel físico, formando parte de un equipo campeón; otros a nivel familiar, esforzándose en proyectar la imagen de una familia fantástica; otros a nivel profesional, demostrando que saben hacer bien las cosas. Crean amistades más sobre la base de compartir proyectos que dejándose guiar por los sentimientos.

En cuanto al carácter, son personas generalmente extrovertidas, enérgicas, vibrantes y con un ritmo de vida de alta velocidad.

Afinidades profesionales

Los organizadores se realizan verdaderamente en aquellas profesiones que les permiten ejercer sus talentos comunicativos, sus dotes organizativas y su atención a la imagen y al éxito. Por ejemplo, en las carreras relacionadas con el mundo de la comunicación y de los «mass-media», de la publicidad y del espectáculo, en el comercio, la política, la empresa, la oratoria, la enseñanza y la administración.

Personaje representativo: Silvio Berlusconi

Es una persona que se caracteriza por su ambición, por su capacidad para embarcarse en proyectos y conciliar múltiples intereses, por su facilidad para detectar nuevas necesidades y responder a ellas con rapidez, creatividad y eficacia. Es, sobre todo, un hombre que simboliza el éxito a nivel personal, tanto económico como político. Su radio de influencia abarca el mundo de los medios de comunicación social, el deporte y los negocios. Gracias a su olfato político, creó un movimiento que en tres meses le llevó a la victoria mediante el eslogan «Forza Italia».

***

NÚMERO «4»: ARTISTA

El término «artista» no significa que la persona sea necesariamente un profesional del arte o que posea unas cualidades artísticas especiales; lo que le hace «artista» es su manera diferente y creativa de ver la vida.

Pertenecen a este tipo personas profundamente atraídas por la idea de la belleza, que saben captar tanto en la naturaleza como en las personas. Valoran todo lo que es estético, y esta sensibilidad refleja quizá un deseo de perfección que querrían encontrar en sí mismas.

Han desarrollado el gusto por la elegancia; su forma de vestir y los ambientes en que se mueven hablan por ellos. Los artistas se caracterizan por una gran riqueza emotiva, por una especial sensibilidad a las vivencias interiores y por una natural capacidad intuitiva que les permite captar lo que los demás sienten y piensan. Sus intensas pasiones y su profunda necesidad de intimidad constituyen la esencia y el significado de su vida.

Los artistas son personas que, en cierto modo, se sienten «diferentes», y emplean una buena parte de su energía en entender por qué se sienten de esa manera. Su vida se transforma a menudo en un teatro en el que dialogan consigo mismos y asumen diferentes papeles, desde el de director hasta el de comparsa, desde el de actor principal hasta el de espectador. Esta tendencia al diálogo interior compensa las dificultades que tienen para comunicarse espontáneamente con el exterior.

El artista posee un variado mosaico interior cuyos colores y elementos no consigue expresar del todo. Gran parte de sus sufrimientos guarda relación con esta limitación comunicativa y con su percepción de que no son comprendidos por los demás.

El mejor regalo que se le puede hacer es entrar en su catedral interior para apreciar la belleza de sus vidrieras, pues desde fuera no es posible ver los tesoros que esconde.

Para expresar su complejo mundo interior, el artista recurre al arte, a la poesía, a la pintura, que se convierten en reflejo de su sensibilidad interior. Además, se sirve del lenguaje simbólico (una flor, una vela, etc.) para comunicarse.

Hay en el corazón de todo artista una sensación de nostalgia que le hace volverse al pasado, o un filón de fantasía y creatividad que le mueve a imaginar un futuro diferente. De este modo, puede encontrarse soñando despierto con un amor profundo, con un papel importante o con una historia fantástica que, de algún modo, le compensan de los sufrimientos que lleva dentro. El artista lee la realidad y los hechos a través del filtro constante de los sentimientos.

También en el contexto del trabajo, lo importante para él es el clima relacional que se respira, la exigencia de que cada cual sea tratado de una manera humana y digna, y la valoración de sus propias capacidades expresivas y creativas. La mayor satisfacción para un artista consiste en trabajar con alguien que reconozca sus talentos y le ayude a sentirse especial. Ser comprendido es su clave para abrirse a la vida.

Clave autobiográfica

Socialmente, la biografía del artista puede estar marcada por alguna pérdida experimentada en la infancia (la ausencia de uno de sus padres, o su posible divorcio), por no haberse sentido amado o deseado, por la sensación de no haber vivido en plenitud su infancia o adolescencia, por la percepción de que otros han sido más queridos en su familia. Este sufrimiento personal le hace sensible y atento a los sufrimientos ajenos. De ahí que, por naturaleza, sea muy delicado y compasivo. Además, es afectuoso, romántico y fiel a la amistad. Prefiere cultivar relaciones de intimidad con una persona y se siente a disgusto participando en un grupo.

En cuanto al carácter, los artistas son frecuentemente introvertidos y reflexivos. La introversión les lleva a adquirir un grado elevado de autoconocimiento, y la reflexión les induce a vivir la vida como un misterio y a cultivar la dimensión espiritual.

Afinidades profesionales

A los artistas les van como anillo al dedo aquellas profesiones en las que prevalece la dimensión estética, psicológica y espiritual de la vida. Suelen ser poetas, escritores, bailarines, escultores, decoradores, estilistas, guías espirituales, psicólogos, terapeutas, coleccionistas de antigüedades... También están presentes en los movimientos feministas y ecologistas.

Personaje representativo: Giacomo Leopardi

El poeta Leopardi interpretó a través de sus poesías el ánimo nostálgico y el sufrimiento de los artistas. Sus poesías se distinguen por un halo de melancolía y tristeza y manifiestan sus sentimientos y reflexiones, que encuentra en el arte la más acabada expresión de su mundo interior.

***

El término «observador» alude a la tendencia de esta personalidad a observar la realidad para obtener de ella conocimiento y crecer en sabiduría. Al observador no le gusta ser protagonista, sino que prefiere asumir un perfil en el que se sienta libre para acumular observaciones e informaciones que le permitan estar más preparado para afrontar los retos de la vida.

Son personas que aman la libertad y la independencia. Detestan sentirse controlados o tener que depender de alguien. El conocimiento y la información son los valores que ambicionan, y se sienten estimuladas por todo cuanto sirva para acrecentar el saber. Su energía se expresa en la sistematicidad y originalidad del pensamiento. Les anima una curiosidad innata que les lleva a ensanchar sus horizontes y a explorar lo nuevo y lo desconocido: les gusta viajar, conocer culturas diferentes, estudiar idiomas, participar en cursos y conferencias y conseguir toda clase de títulos en los diferentes campos del saber.

En el trabajo, prefieren programar la actividad y el tiempo por su cuenta, mejor que en equipo, y saben hacer aportaciones originales e innovadoras a través de métodos lógicos y razonados. Pertenecen a esta personalidad muchos genios, pioneros y filósofos que han contribuido al progreso humano. Se distinguen por la capacidad de síntesis y de análisis. Saben catalogar conceptos, establecer conexiones entre ideas diferentes y elaborar nuevos sistemas y teorías. El ordenador, símbolo de la riqueza y la versatilidad de la mente humana, es un instrumento privilegiado de trabajo para los observadores, que le dedican horas interminables sin aburrirse, pues para ellos siempre hay algo nuevo que descubrir.

Poseen unas óptimas capacidades críticas y de valoración, y les gusta debatir los problemas, incluso en abstracto, con tal de que sean tratados con cierta lógica y objetividad, sin que las personas se dejen llevar por su impulsividad o por sentimientos que originen confusión. Los observadores tienden a reprimir sus sentimientos, porque interfieren en la valoración objetiva de las situaciones y de las personas.

Su estilo relacional es generalmente calmado y amable: saben escuchar a quienes lo necesitan, darles la posibilidad de explayarse y mantener los secretos que les confíen. Necesitan que se respete su privacidad, disponer de tiempo y espacio para sí mismos y mantener una cierta distancia emotiva en los contactos, a fin de privilegiar el enriquecimiento cognoscitivo e intelectual. Necesitan además controlar lo que les sucede, para prevenir posibles problemas: no les gustan las sorpresas ni están dispuestos a correr el riesgo de parecer ridículos.

Clave autobiográfica

Socialmente, los observadores pueden provenir de familias en las que se ha difuminado o ha estado ausente la figura de uno de los progenitores —frecuentemente la madre—, o en las que los padres eran demasiado entrometidos y agobiantes, por lo que el niño se vio obligado a buscar el aislamiento. La falta de gestos de afecto y ternura les ha llevado a buscar en la gratificación intelectual una compensación a sus carencias afectivas. A veces, en su búsqueda de estímulos mentales, pueden imitar el modelo reflexivo y reservado de uno de sus progenitores. Tienen un sentido humorístico de la vida, perciben lo absurdo de las cosas y son capaces de visualizar y programar el futuro.

Se sienten atraídos por interlocutores que tienen las ideas claras y que son versátiles y estimulantes. En cuanto a su carácter, los observadores suelen ser introvertidos y un tanto solitarios. Rehúyen las situaciones en que prevalece la animosidad o una confusión excesiva. Les gusta retirarse a lugares tranquilos, en los que no admiten intrusiones, aunque secretamente esperan que acuda alguien a llamar a su puerta para poder charlar con él.

Afinidades profesionales

Los observadores desarrollan todos sus talentos especialmente en aquellas profesiones que privilegian el saber, la investigación y la programación científica, como es el caso de profesores, bibliotecarios, monjes, filósofos, fotógrafos, investigadores, coleccionistas de diversas clases de objetos y de antigüedades, científicos del ámbito de la física, de la astronomía, de las matemáticas, etc.

Personaje representativo: Rita Levi Montalcini

Rita Levi Montalcini recibió el Premio Nobel de medicina en reconocimiento a sus muchos años de meticulosa investigación científica, coronada con el descubrimiento del factor de crecimiento de las células nerviosas (NGF), que supuso un trascendental avance para la curación de graves patologías neurológicas y abrió nuevas posibilidades de aliviar el sufrimiento humano. Se ha convertido en un símbolo de esperanza y de la aportación que la mente humana y la ciencia pueden ofrecer a la humanidad.

***

NÚMERO «6»: COLABORADOR

El término «colaborador» refleja la actitud de fondo de esta personalidad, orientada a promover la participación y la colaboración y a responder a la necesidad de inclusión y pertenencia. Los colaboradores se caracterizan ante todo por un fuerte sentido de la fidelidad y de la responsabilidad: fidelidad a las personas y al deber; responsabilidad en el cumplimiento de los compromisos contraídos. Podemos fiarnos de ellos en lo referente a la realización de cualquier trabajo. Una de sus necesidades fundamentales es conocer las expectativas de que son objeto y las normas de actuación. En este sentido, proceden con confianza en la medida en que conocen dichas expectativas y saben cuáles son las tareas que tienen que realizar; de lo contrario, se ven asaltados por sus miedos y sus dudas. La actividad es para muchos colaboradores una especie de bálsamo natural que les evita tener que pensar en sus miedos y hacer frente a sus inseguridades.

En general, poseen una gran capacidad de trabajo, saben llevar a término los proyectos y son capaces de sacrificarse por los demás. Son también fieles a la autoridad constituida, y se les considera óptimos colaboradores.

Sus relaciones se caracterizan por la profundidad de sus sentimientos, la fiabilidad, el talante amistoso y el buen humor. Dentro del enneagrama, son ellos quienes encarnan el valor del grupo y consideran de la máxima importancia la pertenencia a la familia, a la Iglesia, al partido o a otras instituciones, con las que pueden identificarse de tal modo que llegan a considerar como dirigidas contra ellos las críticas que se hagan de las mismas.

Cultivan con especial esmero la hospitalidad y la tradición, como medios para promover el sentido de pertenencia. En este sentido, procuran que su ambiente sea limpio y acogedor, para que sus huéspedes se encuentren a gusto. Los colaboradores organizan con frecuencia fiestas en familia y reuniones entre amigos para consolidar el espíritu de grupo. Además, son los defensores de la tradición, que representa un punto de referencia para que la familia permanezca unida, y la sociedad sana. Los ancianos son símbolos de la tradición y del pasado, y hacia ellos manifiestan un afecto especial.

Clave autobiográfica

A nivel social, Palmer[4] sugiere la posibilidad de que estas personas hayan perdido la confianza en la autoridad, especialmente en la paterna, porque no se han sentido protegidas ni aprobadas. Ahora buscan la seguridad en otras autoridades, representadas por jerarquías externas bien defini-

---

4.   PALMER, H., *L'enneagrama*, p. 198.

das y por las normas o procedimientos a seguir. En otros casos, el desarrollo de esta personalidad puede ser el resultado de la educación recibida y de la interiorización de valores como la dedicación al trabajo, el sacrificio, la honradez y el sentido del deber.

Poseen destacadas dotes para una colaboración basada en los principios de la participación libre de todos y la aceptación recíproca.

En cuanto a su carácter, los colaboradores son de dos tipos: los «6» fóbicos son más tímidos, dubitativos e introvertidos, se fían menos de sí mismos y son más afectuosos y atentos a los sentimientos y a las relaciones; los «6» contrafóbicos son más activos, extrovertidos, rebeldes y decididos, pueden llegar a convertirse en el centro de un grupo y tratan de superar sus temores de fondo asumiendo actitudes de fuerza y decisión.

Afinidades profesionales

Los colaboradores pueden encarnar valores fundamentales, como la pertenencia y la responsabilidad, en carreras como la militar o la religiosa, en actividades sindicales, perteneciendo a corporaciones o grupos deportivos o desempeñando profesiones como las de juez, magistrado, comisario, policía, abogado, profesor o escritor de novelas policíacas. No les atraen, en cambio, aquellos ambientes en los que el trabajo resulta estresante y competitivo o requiere decisiones rápidas.

Personaje representativo: Pablo VI

El papa Pablo VI es probablemente un ejemplo de esta personalidad. Trabajador incansable, tuvo que regir la Iglesia en un difícil período histórico, en el que trató de dar cancha e integrar a las diferentes corrientes eclesiales: desde las fuerzas tradicionales hasta las progresistas, desde los nostálgicos del pasado hasta los que oteaban con impaciencia el futuro. Sus decisiones, sumamente costosas a veces, se inspiraban en un sentido de confianza en la tradición y de responsabilidad frente a los nuevos desafíos. Su papado se vio marcado por el dolor que provocaban las rupturas dentro de la Iglesia, la defección de sacerdotes y religiosos y el drama reflejado en su desesperado llamamiento a los secuestradores de Aldo Moro.

**

Número «7»: Optimista

El término «optimista» refleja la actitud positiva que caracteriza el modo de ser, de situarse y de relacionarse de esta personalidad. Son personas que contagian su exuberancia, su vitalidad y su alegría a los ambientes en los que viven y trabajan.

Fundamentalmente, creen en las posibilidades ilimitadas de la vida, y viven ésta con pasión: les encantan los viajes y la buena comida, son aficionados a cantar y a contar chistes, disfrutan haciendo mil proyectos y experimentando todo tipo de experiencias gratificantes. Estiman como un auténtico valor la variedad y no están dispuestos a perderse nada de cuanto de estimulante y gratificante puede ofrecerles la vida.

Están en constante movimiento y son como fuegos artificiales que estallan en mil colores. Su mente no para de conjeturar nuevas ideas o iniciativas que puedan hacer la existencia cotidiana más interesante. Conciben la vida como una gran «pizza» aderezada con multitud de ingredientes que la hacen apetecible y sabrosa.

La energía de los optimistas se canaliza hacia el futuro. Sienten la excitación de los estímulos externos y responden de inmediato a ellos. Lo que les guía es la necesidad de sensaciones y experiencias nuevas. Recuerdan el comportamiento del niño, porque les gusta el juego, se apasionan por cuanto hay de interesante en cada persona o situación, viven la experiencia de la sorpresa y la admiración y manifiestan su agradecimiento por los dones recibidos y las experiencias vividas.

En cuanto al trabajo, prefieren aquellos ambientes en los que se respira un clima de optimismo, camaradería y entusiasmo por el futuro. No soportan las actividades rutinarias, las repeticiones, que apagan la fantasía, ni los ambientes cargados de crítica y de pesimismo. Ofrecen lo mejor de sí a la hora de programar el futuro, pergeñando posibilidades y proyectos que brotan de su desbocada fantasía, en constante búsqueda de novedad.

Les cuesta bastante más, sin embargo, llevar a cabo sus proyectos, y cuando el trabajo resulta pesado o la realización de una tarea es complicada, prefieren confiárselo a otros y lanzarse ellos a nuevos proyectos. Su felicidad radica en la mente, que se siente gratificada soñando con el futuro, cultivando los más variados intereses, relativizando los problemas y viendo siempre el lado positivo de las cosas.

Los optimistas resultan atractivos por su acercamiento gozoso a las cosas, por su actitud juvenil, por su comunicación vivaz y desinhibida y por la versatilidad de sus intereses. Son personas antidepresivas por naturaleza, y su presencia levanta la moral del grupo. Viven con desenvoltura en el plano de las ideas y los proyectos, pero les resulta más incómodo todo cuanto tenga que ver con la expresión de sus sentimientos y de su intimidad.

Clave autobiográfica

Desde el punto de vista social, el optimismo de algunos de ellos nace frecuentemente a la sombra de situaciones desagradables o dolorosas que han caracterizado su infancia (fuertes tensiones familiares; la presencia de un padre alcohólico o una madre depresiva...). Han aprendido el arte de enmascarar el sufrimiento centrando su atención en los aspectos positivos. Otros han crecido en el seno de familias «normales» y han aprovechado la enseñanza de sus padres para explotar al máximo las oportunidades de ser felices. Su carácter extrovertido, expansivo, innovador y alegre hace que, dentro del enneagrama, los optimistas sean los que, por naturaleza, saben disfrutar de la vida.

Afinidades profesionales

Los optimistas son más genéricos que especialistas; tienden a ser polifacéticos y a hacer de todo y prefieren no limitarse a una única carrera para no perder las oportunidades que la vida pueda ofrecerles. Sus dotes de imaginación, creatividad y optimismo pueden encontrar terreno abonado en profesiones como las de programador, ideador, operador en el ámbito del «networking» o de las relaciones sociales, consultor empresarial, cómico, cocinero y animador de grupos.

Personaje representativo: Luciano Pavarotti

Pavarotti es un digno representante de los optimistas. Le gustan infinidad de cosas, entre las que se encuentran el canto, los viajes, los caballos, la buena cocina...

***

NÚMERO «8»: JEFE

El término «jefe» no significa que estas personas desempeñen necesariamente funciones de autoridad. Lo que hace de ellas «jefes» no es su función, sino su modo de ser y de relacionarse. Son personas que transmiten fuerza, decisión y realismo en lo que hacen. Son capaces de luchar por las cosas en las que creen sin volverse atrás ni dejarse manipular por los demás. Les guían las convicciones que han interiorizado, especialmente el valor de la justicia, que ocupa siempre el centro de su vida.

La energía que poseen desemboca en la acción, en el trabajo y/o en la diversión. Les estimulan las situaciones difíciles, especialmente allí donde se dan injusticias. Luchan en favor de las causas que promueven los derechos de los pobres y de los marginados. Las necesidades de los más débiles avivan su instinto protector. Se esfuerzan además en mejorar la calidad de vida de su entorno: casa, comunidad, medio ambiente... La claridad de sus ideas e intenciones y la autenticidad de sus convicciones les hacen capaces de transmitir a los demás su visión y de implicarles en sus causas y cruzadas.

En el ámbito laboral, se distinguen por su intensidad, su tenacidad y su perseverancia. Pueden desempeñar funciones de autoridad y llevar adelante una organización con determinación y coraje, así como asumir funciones subalternas, sin por ello perder la libertad de contestar a la autoridad cuando lo consideran oportuno. Su estilo es práctico, sin complicaciones y orientado a la acción. No les gusta perderse en disquisiciones intelectuales ni en conflictos emotivos.

Su fuerza radica en la concreción. Aman el riesgo y la dificultad. En el terreno de las relaciones, sienten un gran respeto por las personas auténticas, valientes y seguras de sí mismas. En cambio, no respetan a quienes, por oportunismo o por intereses personales, «cambian de chaqueta». Recelan profundamente de las personas aficionadas al secretismo o con tendencias manipuladoras. Son capaces de expresar opiniones diferentes y de decantarse abiertamente, aun a riesgo de quedarse solos y de enfrentarse a todo el mundo, cuando creen firmemente en algo. Son claros y directos a la hora de establecer límites y de decir que no. Tienen una gran necesidad de controlar y de ser respetados en todo lo que concierne a sus ideas, decisiones y espacio personal. Cuando se les trata con respeto, colaboran de buen grado con los demás.

Clave autobiográfica

Desde el punto de vista social, los jefes suelen proceder de familias dominadas por personas que han tratado de ejercer su control sobre ellos. Para sobrevivir, han decidido fiarse de sí mismos e incluso hacer frente a la presencia de un padre autoritario que ha provocado repetidos conflictos. En otras ocasiones, algunos de sus rasgos pueden deberse al hecho de que han asumido prematuramente ciertas responsabilidades familiares, lo cual ha inducido en ellos actitudes caracterizadas por la directividad y el control sobre los demás.

En cuanto a su carácter, los jefes pueden ser extrovertidos o introvertidos, ruidosos o reservados, entrometidos o educados. Tienen en común la fuerza de sus convicciones y suelen ser abiertos en la comunicación. Su pasionalidad puede expresarse mediante la agresividad o mediante la compasión, generando miedo o confianza, respectivamente, en quienes les rodean. Aunque alardean de su especial capacidad de trabajo, también son capaces de celebrar intensamente las fiestas, los acontecimientos de grupo o deportivos y las vacaciones.

Afinidades profesionales

Los jefes pueden desempeñar todo tipo de profesiones, desde las más sencillas hasta las más complejas, con tal de que les permitan expresar sus convicciones.

Pueden ser vendedores de pizzas o políticos, responsables de organizaciones deportivas o comunitarias, empresarios o agentes de cambio, negociantes o especuladores...

Personaje representativo: Martin Luther King

Martin Luther King puede ser perfectamente considerado como un profeta de nuestro tiempo. Movido por profundas convicciones sobre la igualdad y la justicia, interpretó los anhelos de la comunidad negra de los Estados Unidos, a la que, erigiéndose en portavoz de sus derechos violados, guió en una marcha histórica sobre Washington con objeto de concitar la atención de su país y del mundo sobre aquella causa. Su cruzada contribuyó al reconocimiento de los derechos de la comunidad negra y transformó la fisonomía y la orientación de la sociedad norteamericana.

***

El término «mediador» refleja la tendencia de estas personas a actuar como intermediarios o conciliadores en las situaciones de tensión. En el enneagrama se les considera los portadores de los valores de la paz y la armonía. Tratan instintivamente de recomponer las situaciones de ruptura o de conflictividad en el ámbito familiar, comunitario o laboral. Su objetivo constante es lograr la reconciliación allí donde se dan tensiones y diferencias.

Su carácter ecuánime, tranquilo, afable y equilibrado les favorece en su empeño. Son personas que se caracterizan por una bondad y sencillez de fondo que las hace amables. Su presencia serena, agradable y no absorbente resulta verdaderamente atractiva. Saben escuchar y acoger con sencillez, no son críticos ni formulan juicios sobre el prójimo. Se distinguen más bien por su tolerancia para con quienes profesan creencias políticas o religiosas diferentes de las suyas o pertenecen a otras culturas y tradiciones.

Emplean sus energías en preservar el «status quo», en limar las aristas siempre que sea necesario y en ser receptivos con todos. También en el trabajo se distinguen por su estilo conciliador y por su presencia modesta y paciente. No les gusta llamar la atención, pero son muy celosos de su reputación profesional, que es para ellos, junto a la familia y la religión, uno de los valores más importantes.

En la realización de sus trabajos adoptan un estilo metódico y constante, y prefieren la rutina y las cosas y situaciones habituales, porque les proporcionan seguridad y tranquilidad. Cuando afrontan situaciones de estrés, asumen actitudes ponderadas y equilibradas. Más que adoptar posturas definidas, prefieren contemplar todos los aspectos de una cuestión y apoyar las aportaciones positivas de las diversas partes. Expresan sus observaciones con calma y serenidad, para hacerlas más aceptables.

Aunque parecen sencillos y amables, en el fondo son tenaces e independientes. Saben adaptarse a las circunstancias, pero no se arredran frente a quien trata de imponerse, ni se dejan influenciar por presencias externas. Poseen una enorme capacidad de supervivencia y soportan perfectamente la soledad y el silencio. Hay lugares determinados (un sótano, un jardín, un laboratorio...) donde les gusta refugiarse para que nadie les moleste.

La actividad externa y el contacto con la naturaleza les ayudan a relajarse. La jardinería, el «camping», la pesca y el cuidado de los animales son medicinas naturales para recuperarse de las presiones de la vida cotidiana.

Clave autobiográfica

A nivel social, los mediadores han crecido a veces en contextos familares en los que, según Palmer[5], se han sentido ignorados y olvidados, o raramente escuchados y estimulados por las personas que eran significativas para su desarrollo. Sus protestas no han conseguido los resultados deseados, por lo que han decidido sofocar su rabia. Otros proceden de familias sencillas y abiertas, de las que han asimilado actitudes como la calma, la paciencia y la modestia. De adultos, tienden a no considerar ni utilizar plenamente sus potencialidades. También tienden a olvidar las ofensas y a perdonar a quien les ha hecho sufrir.

En cuanto al carácter, algunos son reservados y tímidos, otros son abiertos, ingeniosos y humoristas. En general, todos suelen tener alguna afición. Consideran buen amigo a quien nunca pide demasiado a los amigos.

Afinidades profesionales

Los mediadores prefieren ambientes de trabajo apacibles y sin estrés, y profesiones basadas en la rutina y la estabilidad. Entre otras, las de árbitros y negociadores, consejeros, consultores, administrativos, técnicos de laboratorio, guardias forestales, pescadores. También están presentes en movimientos y organizaciones comprometidas en los frentes de la justicia y de la paz.

---

5. *Ibid.*, p. 276.

Personaje representativo: Mahatma Gandhi

Gandhi es el profeta de la no violencia, de la paz y de la mediación. Cuando el odio y la guerra entre los hindúes y los musulmanes estaban a punto de estallar en la India, no tomó partido ni por unos ni por otros, sino que comenzó un largo ayuno que llevó hasta las últimas consecuencias. Al final, su gesto dramático permitió que las facciones enfrentadas se reconciliaran y trabajaran juntas por el bien del país. Gandhi aparece como una figura frágil y delicada, pero en realidad estaba animado por la tenacidad y la determinación en su papel de pacifista y mediador.

2.6. La idealización de la imagen de sí

«Los sufíes opinaban que a los hombres les destruyen sus cualidades o dones, porque se identifican excesivamente con lo que saben hacer bien»[6].

En la práctica, las cualidades de cada personalidad se pueden transformar en limitaciones y en ocasiones de pecado. Cuando el individuo propende a sobrevalorar sus cualidades, a jugar la historia de su vida en el terreno que le es más favorable, empleando las artes que mejor conoce, tiende a crear una imagen idealizada de sí y a echar mano de los recursos que le dan fuerza y seguridad.

---

6.   ROHR-EBERT, *op.cit.,* p. 37.

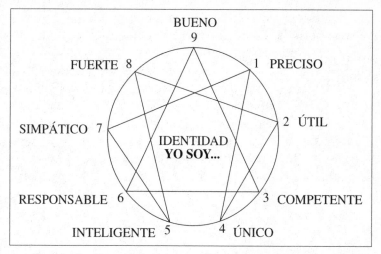

De la idealización de la propia imagen nace el convencimiento de que el propio modo de ser o de obrar es, de alguna manera, superior al de los demás, y nace también la ilusión de que, si todos interiorizaran la perspectiva de uno, no habría problemas insolubles.

2.7. Las nueve ilusiones

Idealista («1»): «Si los demás se esforzaran en mejorar y en parecerse a mí, el mundo sería mejor para todos».

Ayudador («2»): «Afortunadamente, hay en el mundo gente como nosotros. Si también los demás pensaran más en el prójimo, viviríamos en un mundo más altruista y solidario».

Organizador («3»): «Si la gente tuviera nuestra misma motivación y nuestra capacidad de trabajo, muchos problemas se resolverían».

Artista («4»): «Si los demás fueran tan sensibles como nosotros, el mundo sería más humano y hermoso para todos».

Observador («5»): «Si los demás se esforzaran en ser tan lógicos y objetivos como nosotros, la vida sería más interesante para todos».

Colaborador («6»): «Si todos se comprometieran y fueran responsables como nosotros, no ocurrirían en el mundo tantas cosas desagradables».

Optimista («7»): «Si la gente supiera ver el lado positivo de las cosas, como hacemos nosotros, todos seríamos más felices en este mundo».

Jefe («8»): «Si la gente supiera actuar con la claridad y determinación con que lo hacemos nosotros, no se malgastaría tanto tiempo y tantas energías».

Mediador («9»): «Si la gente fuera más apacible y relajada, todos viviríamos en un mundo más tranquilo».

2.8. La dinámica inconsciente de cada personalidad

El sistema de ilusiones, además de hacer ver cómo lo que parece bueno puede hacerse destructivo, desvela el juego en el que cada personalidad está implicada: detrás de la tendencia compulsiva a hacer un uso excesivo de los propios dones y cualidades, se enmascara el miedo a una amenaza, a un dragón del que tratamos de defendernos. Este dragón representa el peligro inconsciente del que cada personalidad se protege recurriendo a estratagemas o a mecanismos de defensa[7].

---

7. La enseñanza tradicional relacionada con esta sección se debe a Claudio Naranjo, que ha acertado a relacionar correctamente los mecanismos de defensa con las nueve personalidades. Algunos autores mencionan un mecanismo de defensa preponderante al que recurre cada personalidad, aunque no exclya la utilización de los otros. Riso enumera tres mecanismos de defensa para cada tipo. El autor prefiere vincularse a la orientación de Naranjo, por parecerle mejor enfocada y porque permite concretar una metodología típica de funcionamiento de la personalidad sin negar la hipótesis de que cada uno, a la larga de la vida de cada día, recurre inevitablemente al uso de otros mecanismos de defensa.

El siguiente gráfico presenta los «dragones» (lo que se tiende a evitar) temidos por cada personalidad y las estrategias que se adoptan para evitarlos.

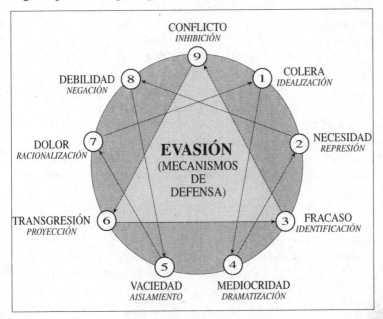

Los «1» evitan la CÓLERA: viven con la *ilusión* de que son buenos porque están empeñados en perfeccionar el mundo. La búsqueda de la perfección domina su existencia, pero, a pesar de todos sus esfuerzos y fatigas, la realidad sigue siendo imperfecta, las relaciones resultan defectuosas e insatisfactorias, y hay demasiadas cosas que no funcionan bien y que deberían corregirse. Los «1» revelan una intolerancia taciturna frente a la realidad y «piensan que es deber personal suyo mejorarlo todo, para lo cual se convierten en reformadores, en cruzados, en críticos, en nobles idealistas...»[8]

El desequilibrio entre los ideales y la realidad genera en ellos una sensación de frustración e insatisfacción constantes. Nunca están lo bastante contentos, pues siempre hay

8.   RISO, *Conoscersi con l'enneagramma*, p. 96.

algo que echa la fiesta a perder: errores, faltas de atención, deficiencias propias y ajenas que provocan la impaciencia y el malestar. Los «1» tratan de mantener a raya los impulsos y los sentimientos y aprietan los dientes para controlar su propio descontento y no dar una mala imagen que inutilice esa pulsión hacia la perfección que les caracteriza.

Sobre todo, controlan la ira inapropiada, impulsiva o explosiva, por temor a ser desaprobados o juzgados. Por eso dirigen contra sí mismos la tensión, lo que les ocasiona depresiones y complicaciones psicosomáticas.

El *mecanismo de defensa* al que recurren los «1» para dominar la cólera es la *formación reactiva,* que se manifiesta en el hecho de que adoptan actitudes y comportamientos que contrastan con las tendencias que experimentan en lo profundo de su ser.

Se contraponen a los sentimientos negativos y a los impulsos sexuales incompatibles con la idea de perfección, introduciendo un filtro de censura, un control sobre sus propias reacciones y un mayor esmero en comportarse debidamente y en mostrarse correctos, éticos y virtuosos. Para evitar que la olla a vapor pueda explotar, recurren, como válvula de escape, a trabajar y a desahogarse con quien esté dispuesto a escucharles. Aceptan y manifiestan su rabia cuando ésta puede justificarse y es apropiada; de lo contrario, tienden a sofocarla.

***

Los «2» evitan reconocer sus propias NECESIDADES. Viven con la *ilusión* de que son buenos porque dedican su vida a los demás. Necesitan constantemente responder a las necesidades ajenas y demostrar que se entregan incansablemente a ayudar al prójimo. No se dan cuenta de que ayudar al prójimo se convierte en un modo de revelarse a sí mismos, en el sentido de que se ven impulsados a dar a los demás lo que ellos mismos esperan recibir. Algunos, tras haber atendido durante todo el día las necesidades de los demás y haber reprimido las propias, al volver a casa se compran una prenda de vestir o unos bombones para recompensarse a sí mismos por el bien que han hecho.

En el fondo, el altruismo de los «2» no es tan gratuito: detrás de su disponibilidad se enmascara la necesidad de ser amados y aprobados y de recibir afecto. Pero reconocer esto les pondría en una situación incómoda, empobrecería sus hipotéticamente genuinas motivaciones de servicio, les haría sentirse avergonzados, confusos y desconcertados frente a una vulnerabilidad difícil de aceptar, y dejaría al descubierto la tendencia un tanto manipuladora de su comportamiento.

Para evitar autoexaminarse, los «2» siguen mirando afuera, tratando de descubrir las necesidades del prójimo y procurando que los demás dependan de su ayuda, con la esperanza inconsciente de que se les recompense de alguna manera.

El *mecanismo de defensa* de los «2» es la *represión*. Suprimen sus propias necesidades y deseos y evitan examinar los motivos de fondo que inspiran su acción. En el enneagrama, los «2» representan la personalidad que mayores dificultades analíticas e introspectivas padece, pues la motivación inconsciente obstaculiza su objetividad.

***

Los «3» evitan el FRACASO. Viven con la *ilusión* de que son aprobados en virtud de la imagen de eficacia que transmiten. Consideran que el valor personal no depende de lo que son, sino de lo que hacen, y se esfuerzan con toda su alma en parecer competentes y ganarse la admiración.

Aceptan aquellas propuestas y emprenden aquellos proyectos en los que están seguros de que van a triunfar; de lo contrario, ni siquiera los consideran. El dragón que les infunde pánico es el *fracaso*: fracasar significa perder la propia imagen e identidad. Su vida se transforma a menudo en un combate: un paseo por el monte se convierte en una competición contra el tiempo; una reunión con los amigos, en un certamen de ingenio y agudeza; una invitación a cenar, en una oportunidad para presumir de casa y de familia.

Rohr señala que los «3» pueden adoptar tres maneras de enmascarar eventuales fracasos: «Unas veces retocan las derrotas interpretándolas como "victorias parciales"; otras veces echan la culpa a los demás; y a menudo esconden a toda prisa los cristales rotos para lanzarse en cuerpo y alma a un nuevo y prometedor intento»[9].

El *mecanismo de defensa* adoptado por los «3» es la *identificación*. Se identifican con sus papeles y logros en el campo académico, profesional o familiar. Consideran el fracaso de un proyecto como su propio fracaso, y por eso se esfuerzan en lograr el éxito a toda costa. La consecuencia de esta filosofía puede ser trágica, como demuestra lo que sucedió en los años treinta con el «crack» de la Bolsa de Nueva York y el consiguiente suicidio de muchas personas que se habían identificado con sus ahorros.

∗∗∗

Los «4» evitan la VULGARIDAD. Tienen la *ilusión* de ser auténticos cuando viven la vida intensamente a través de los sentimientos, no de los hechos. Se sienten diferentes y aborrecen la idea de ser «del montón». Les repugna la idea de vivir en el anonimato, son anticonformistas por naturaleza y no quieren adaptarse a lo que es vulgar ni ser iguales que los demás.

Les resulta difícil ser espontáneos, inmediatos, naturales. Consideran que la vida tiene que ser vivida de un modo profundo y auténtico, y buscan la intensidad emotiva en la belleza y la tragedia de una relación. Tienden a sentirse tristes, melancólicos y deprimidos, y del dolor, del sufrimiento y de la incomprensión brota a menudo su creatividad. La imaginación les estimula a huir de la rutina del presente y a soñar con situaciones y relaciones excitantes y exaltantes. Privilegian el diálogo consigo mismos, en el

---

9. ROHR-EBERT, *op. cit.*, p. 104.

que ensayan e interpretan papeles y textos que les producen la ilusión de reescribir la realidad.

El *mecanismo de defensa* de los «4» es, por una parte, la *sublimación,* que les permite transferir a la pintura, a la poesía, al canto, al vestido y a la estética su originalidad e intensidad emotiva; por otra, la *dramatización,* hecha de palabras y silencios, que les permite comunicar la profundidad de sus estados de ánimo.

***

Los «5» evitan la INADECUACIÓN y el vacío interior. Viven con la *ilusión* de que conocer la vida es lo mismo que vivirla. Consideran que para ser objetivos se precisa la reflexión y el conocimiento profundo. «La vida consiste para ellos más en la reflexión y la comprensión que en la implicación y la interacción con los demás»[10].

El pensamiento de carecer de ideas es inconcebible para ellos, que detestan parecer ignorantes o impreparados y aborrecen encontrarse «con las pilas gastadas». Prefieren no pronunciarse sobre cuestiones de las que no están suficientemente informados, y para evitar molestias y disgustos se esfuerzan en ampliar sus conocimientos participando en encuentros, viajando, leyendo libros y consiguiendo títulos. El saber es un modo de llenar el vacío interior. Se interesan por la psicología, por las leyes de la herencia, por las tradiciones culturales, por los ordenadores, etc. Su esperanza consiste en acumular los conocimientos suficientes para colmar sus lagunas. Les gusta investigar, pero no desean que les investiguen a ellos; les encanta descubrir, pero no quieren ser descubiertos.

El *mecanismo de defensa* de los «5» es el *aislamiento.* Necesitan retirarse, física y mentalmente, de los demás para estar consigo mismos; la esfera privada es tan importante para ellos como la niña de sus ojos. Consideran que para poder juzgar con objetividad hace falta espacio y pri-

---

10. BEESING-NOGOSEK-O'LEARY, *L'enneagamma: un itinerario alla scoperta di sé,* p. 34.

vacidad. A veces abandonan una reunión sin que nadie lo advierta, porque consideran que la conversación es demasiado superficial, y se retiran a leer un libro interesante; otra veces, sin abandonar el grupo, se aíslan mentalmente de él para reelaborar lo que en el grupo se debate y llegar a su propia síntesis. Pero, cuando están dispuestos a ofrecer su propia aportación, el grupo ya no está interesado en el tema, porque ha pasado al siguiente punto del orden del día. A menudo, su aislamiento no es externo, sino interno, que es lo que ocurre cuando los «5» compartimentalizan la vida, y la esfera intelectiva se convierte en algo independiente, aislado o ajeno a la esfera emotiva.

**

Los «6» evitan la TRANSGRESIÓN. Viven con la ilusión de sentirse aceptados cuando son responsables y responden a las expectativas de los demás. Aman la claridad y la precisión y no soportan las situaciones de ambigüedad. Se sienten seguros cuando conocen las normas y saben lo que se espera de ellos.

Su propia imagen está relacionada con el sentido de responsabilidad. Cumplen sus deberes y se atienen a las reglas y a los pactos establecidos dentro de la familia, de la comunidad o del trabajo, como señal de coherencia y fiabilidad. Tienen mucha confianza en la autoridad externa y desconfían de la propia. No son necesariamente legalistas, sino fieles, pero son capaces de cambiar cuando se ha acordado la necesidad de un cambio. Los «6» conceden tanta importancia a la lealtad porque el «dragón» que más temen es la transgresión. No soportan la idea de la infidelidad ni los comportamientos inapropiados, porque temen el juicio o la crítica que pueda hacerse de ellos. Se han pasado la vida tratando de demostrar que son fieles y no quieren poner en peligro su propia imagen e identidad. No es que no deseen secretamente transgredir y ser libres como los demás, sino que no pueden permitírselo. De todos modos, más tarde o más temprano pueden verse en situaciones en las que no cumplan sus compromisos, violen las normas o no respondan a lo que se esperaba de ellos.

En este caso, los «6» apelan al *mecanismo de defensa* de la *proyección,* que sirve para aliviarles de la culpa relacionada con la infracción o la desviación. De algún modo, encuentran una razón para justificar su comportamiento y atribuir a los demás la culpa de lo sucedido.

Si no han terminado el trabajo como estaba previsto, la culpa es de un tercero que les ha interrumpido; si les ponen una multa, la culpa es de un amigo que les ha sugerido que aparcaran el coche en zona prohibida, asegurándoles que a esa hora no había peligro alguno; y así sucesivamente.

***

Los «7» evitan el DOLOR. Tienen la *ilusión* de vivir plenamente cuando disfrutan el presente con alegría y ven el futuro con esperanza. La vida es para ellos como una gran «pizza» llena de ingredientes que la hacen apetecible y deliciosa. Su agenda está cargada de citas interesantes, de experiencias nuevas y de programas estimulantes.

Viven intensamente porque temen encontrarse con el dragón que un día podría privarles de la alegría: el *dolor,* que desmentiría su filosofía de la vida. Pero no sólo ni principalmente el dolor físico; también el dolor ocasionado por una relación difícil, o el dolor mental por sentirse esclavos de una situación o un trabajo frustrantes, empobrecedores y aburridos, o el dolor producido por el vacío existencial o la incomprensión...

El choque con el sufrimiento les ocasiona malestar y les crea el deseo de huir y proyectarse hacia el futuro. Los «7» suelen tener dificultades para acompañar a los enfermos o a los moribundos, porque no pueden resolver sus problemas. Les cuesta escuchar a los que están desanimados o deprimidos, porque se ven obligados a llegar al fondo del asunto, que es donde se produce el encuentro con el dolor y la oscuridad, y los «7» prefieren mantenerse en la superficie y en contacto con la luz. No es que sean siempre felices. «A veces es el propio "7" el que sabe que detrás de su sonrisa se esconde una gran tristeza que le produce miedo. Desea ardientemente que alguien desenmascare la felicidad que aparenta y se tome en serio su dolor»[11].

El *mecanismo de defensa* de los «7» es la *racionalización,* que se dispara instintivamente como método para mitigar el dolor. Apelan a la mente para no tener que indagar en sus propios sentimientos y para recuperar altura lo antes posible. Ante la ruptura de una relación, dicen: «Ha sido lo mejor que podía pasar; al fin y al cabo las cosas no habrían mejorado con el paso del tiempo»; ante la pérdida de una persona querida, se consuelan afirmando: «Ahora ya ha dejado de sufrir y está en paz»; ante una discusión acalorada, intervienen proponiendo: «¿Por qué no nos vamos todos juntos a tomar una cerveza?».

Su estrategia consiste en relativizar el dolor para no asumirlo ni aceptarlo. Recuerdan la antigua fábula de Esopo en la que la zorra, al no conseguir alcanzar las uvas, se aleja diciendo: «No están maduras».

***

Los «8» evitan la DEBILIDAD. Viven con la *ilusión* de sentirse respetados por ser fuertes. Han construido su identidad sobre la fuerza, la determinación y la justicia, y no quieren parecer débiles. No es que no sean conscientes de ser limitados y débiles, sino que no quieren admitirlo en público, por temor a que alguien intente aprovecharse.

Exponen con firmeza sus opiniones e ignoran las razones o perspectivas sobre la verdad que presentan otros. Manifiestan libremente su insatisfacción por lo que consideran injusto. Dan la impresión de ser muy decididos, pero a menudo lo que hacen es enmascarar la fragilidad del niño que llevan dentro y que representa su vulnerabilidad e inseguridad y su necesidad de ternura y afecto. No permiten que se hiera a ese niño, al que protegen y esconden. El niño

---

11. ROHR-EBERT, *op. cit.,* p.180.

está a las órdenes del jefe, que le dice: «No llores», «Aprieta los dientes», «No les des ese gusto», «Sé fuerte»...

El *mecanismo de defensa* al que recurren los «8» es la *negación*. Mantienen su imagen de fuerza negando su debilidad. Muchos nunca reconocen haber caído enfermos, porque una simple enfermedad transitoria les haría débiles a los ojos de los demás. La negación se manifiesta también en la tendencia a no admitir los propios errores y en reprimir los propios sentimientos. Si se han sentido heridos en un grupo, intentan aparentar que no ha pasado nada y mantienen una actitud segura y controlada; pero luego, cuando están solos o en compañía de una persona de confianza, se permiten llorar y manifestar su vulnerabilidad y humanidad.

***

Los «9» evitan el CONFLICTO. Abrigan la ilusión de que vivirán bien si consiguen preservar la paz en el ámbito de la familia, del trabajo o de los grupos a los que pertenecen. Tratan de promover a toda costa la armonía para aliviar la tensión y relativizar los problemas. Saben ser jueces imparciales. El dragón que les atemoriza se llama *conflicto,* y se las arreglan para domarlo y distraerlo.

A nivel personal, se esfuerzan en reprimir las energías que alimentan el conflicto: los sentimientos, la sexualidad y la agresividad. Ante situaciones que pueden provocar la agresividad, adoptan una actitud obstinada, pasiva y contenida. Su rabia se expresa indirectamente a base de no responder a las expectativas de los demás, dejar pasar el tiempo y tomarse las cosas con calma. Es una resistencia sólida y visceral y una estrategia que tiene un solo objetivo: evitar el conflicto, que es para los «9» un elemento destructivo y no productivo en la vida. El conflicto les da miedo, porque desencadena energías que no han integrado bien y pueden provocar divisiones y generar estrés.

El *mecanismo de defensa* al que recurren los «9» es la *supresión:* tratan de suprimir las causas que pueden crear estrés y conflicto, para lo cual emplean la anestesia y la narcotización. Para eliminar el estrés e inhibir la tensión de las situaciones desagradables, abandonan la escena del conflicto, se dan un paseo, suben el volumen de la televisión o se sumergen en la lectura del periódico. La narcotización puede consistir también en un consumo excesivo de alcohol o de comida, o en pasarse las horas delante del televisor, etc., a fin de crear la ilusión de tranquilidad y serenidad.

***

En síntesis, nuestras dotes y cualidades y nuestras ilusiones pueden convertirse en una prisión llena de callejones sin salida. El peligro está en no conocer el verdadero significado de la libertad, por considerar que ya se es libre. El enneagrama ofrece una estupenda clave para comprender el sistema de las ilusiones, da nombre a esa fuerza oscura e inconsciente que desencadena los comportamientos de la personalidad e invita a hacer frente al dragón, con la seguridad de que el enemigo puede convertirse en el mejor amigo.

El reto consiste en tomar conciencia de la motivación inconsciente que, a través de hábitos consolidados y respuestas mecánicas e instintivas, condiciona nuestra manera de actuar, así como en aceptar lo que tendemos a evitar, a fin de descubrir los senderos que conducen a la verdadera libertad.

2.9. Las sombras de cada personalidad

Carl Jung habló de la integración de la «sombra» como tarea esencial para el crecimiento humano. La finalidad de encontrar y reconocer la «sombra» consiste en asumirla e integrarla no sólo como expresión de la propia negatividad, sino como aportación a la propia redención, como itinerario hacia la autoaceptación y la plena autenticidad y como instrumento de crecimiento y curación interior.

Cada personalidad, además de sus características positivas, tiene también una vertiente negativa, representada por aquellas actitudes que contribuyen a una relación menos constructiva con uno mismo, con Dios, con los demás y con la vida. Examinemos estas zonas oscuras, estas sombras de las diversas personalidades.

***

«1»: IDEALISTA

La convicción de fondo que bloquea la libertad y la creatividad del idealista se expresa en la siguiente frase: «Sólo estaré bien si soy perfecto».

Estas personas, que luchan por conseguir la perfección en todo cuanto hacen, emplean en ello muchas energías y al final se sienten angustiadas, impacientes e irritadas porque los resultados no responden a lo esperado. Viven con excesiva frustración todo cuanto resulta imperfecto, y su obsesión por las minucias y los detalles les impide tener una visión más amplia de las cosas. Están habitadas por un «crítico interior» que las juzga («Ya te lo había dicho...») y las culpabiliza («Si hubieras actuado de otra manera...»). También a nivel verbal recurren constantemente a palabras como «es preciso», «debemos», «habría que...»

Son personas exigentes consigo mismas, y a veces se sienten turbadas por un sentido de culpa que puede degenerar en escrúpulos. Trabajan con intensidad, privilegiando el «deber» a expensas del «placer», y son compulsivas al hacer las cosas. Por eso es frecuente que elaboren una lista de las cosas que tienen que hacer, o que apunten en una agenda sus citas y compromisos, como forma de control y estructuración de su vida. Su rigidez personal les lleva a ser moralistas, intolerantes y dogmáticos con los demás, y sus frustraciones provienen muchas veces de su convencimiento de que hay un modo correcto de hacer las cosas, que es el suyo, y no aceptan ninguno más: «Las cosas hay que hacerlas así, y punto». En la vida no tiene cabida para ellos el «gris»: todo es «blanco o negro», y ellos pretenden tener siempre la razón.

Los demás pueden sentirse irritados por la cicatería, el espíritu crítico, la inflexibilidad y el perfeccionismo de los *idealistas*.

«2»: AYUDADOR

La convicción de fondo que bloquea la libertad y creatividad del ayudador se expresa en la siguiente frase: «Sólo estaré bien si ayudo».

Necesita como el aire tener siempre a alguien necesitado de ayuda; de lo contrario, le acechan la soledad y el vacío afectivo. Y es que el servicio constituye el aspecto más positivo del ayudador, aunque es también el que más se presta a la manipulación. A menudo contempla la idea de servicio de un modo excesivamente sublimado o desinteresado, y no se da cuenta de que su necesidad incesante de estar disponible refleja su exigencia personal de sentirse apreciado y amado y de recibir atención.

El ayudador presume de ser siempre bienintencionado, de no tener tantas necesidades como los demás y de que al ayudar al prójimo no hace más que cumplir con su deber, y se sorprende de que no haya muchas más personas con sus mismos sentimientos. En la práctica, este complejo de «mesías», dispuesto a ayudar a los demás a toda costa, no es sino un modo de controlar al prójimo y de hacerle dependiente, aunque a la vez el propio ayudador depende del prójimo para crear y mantener su propia imagen.

A veces los ayudadores son un tanto atosigantes y se entrometen en la vida de personas a las que no les hace ninguna gracia su excesivo interés ni sus demandas o manifestaciones de afecto. En ocasiones se hacen incluso posesivos y celosos de aquellos a los que ayudan o aman, y no quieren que otras personas entren en el restringido círculo de esa intimidad. Practican el arte de la «seducción» haciendo cumplidos o manifestando su aprecio a las personas, con la esperanza de ser correspondidos.

Precisamente la falta de reconocimiento les hace estallar en cólera: «¿Cómo has podido hacerme esto después de todo lo que yo he hecho por ti?». Manipulan a los demás valiéndose de los sentimientos, especialmente el sentimiento de culpa: «¿Cómo puede portarse de ese modo después de todo el bien que yo le he hecho?». El resentimiento puede degenerar en venganza, y el ayudador puede decidir romper los puentes y no volver a dirigir la palabra al amigo. En estas circunstancias, asumen el papel de víctimas de la ingratitud y apelan una y otra vez a la historia de los favores hechos y las injusticias padecidas, con el fin de castigar a las personas que no se han mostrado agradecidas con ellos. A veces incluso se esmeran en sembrar la enemistad entre unas personas y otras. Les resulta muy difícil ser objetivos, porque están condicionados por sus necesidades y sentimientos, y les cuesta activar las capacidades introspectivas y hacer el viaje a la verdad dentro de sí mismos.

Los demás pueden sentirse irritados por la intrusión y la excesiva necesidad de aconsejar que manifiestan los *ayudadores*.

«3»: ORGANIZADOR

La convicción de fondo que bloquea la libertad y la creatividad del organizador se expresa en la siguiente frase: «Sólo estaré bien si tengo éxito».

Lo que busca el organizador es sentirse digno de confianza cuando es eficaz o consigue el éxito en sus iniciativas. La eficacia de los organizadores está relacionada con la cuidada elaboración de objetivos, programas y estrategias y con la capacidad de responder debidamente a las expectativas. Su atención se centra en el trabajo que tienen que hacer y en las tareas que tienen que realizar; la incesante actividad se convierte en un modo de evadirse del propio mundo afectivo, en el que se sienten más inseguros.

La imagen personal está relacionada con la productividad, con el grado de aprobación que obtienen y con los aplausos que reciben, y en general saben las teclas que deben tocar para conseguirlo. Sobre todo, tienen una necesidad de admiración y de reconocimiento que satisfacen sabiendo asumir, según las circunstancias, actitudes calculadoras, oportunistas o de protagonismo.

Sacrifican sus sentimientos y su autenticidad interior para salvaguardar la imagen de prestigio o el papel que desempeñan. Tras haber empleado sus mejores energías en el ámbito del trabajo, tienen dificultades para aceptar la crítica acerca de su trabajo, y por eso, cuando sufren un fracaso aparente, tratan de transformarlo, a base de humor y de creatividad, en un eventual éxito.

Si el alcanzar una meta requiere llegar a componendas en el plano de los valores, siempre encuentran una razón para hacerlo y para justificar lo que han hecho. Son propensos a utilizar a las personas para conseguir sus metas, y a este objeto enmascaran sus verdaderas intenciones. Mantienen una relación mientras les resulte útil, y prefieren unas relaciones superficiales, basadas en el trabajo o en el ocio, antes que unas relaciones demasiado exigentes afectivamente. Por eso, cuando las relaciones resultan excesivamente exigentes a este nivel, prescinden de ellas.

Son también extremadamente cautos y prudentes a la hora de revelar sus sentimientos, pues temen que el hacerlo se vea como un signo de debilidad que puede dañar su imagen y ser utilizado en su contra. Prefieren administrar sus emociones en privado.

Los demás pueden sentirse irritados por la manipulación y la tendencia de los *organizadores* a privilegiar la actividad y a descuidar las relaciones y la intimidad.

«4»: ARTISTA

La convicción de fondo que bloquea la libertad y la creatividad del artista se expresa en la siguiente frase: «Sólo estaré bien si soy especial».

Son personas excesivamente obsesionadas y condicionadas por aquello que les hace sentirse diferentes. Dedican mucho tiempo al pasado, que perciben como incompleto y plagado de oportunidades perdidas. Sobre todo, tienen una profunda sensación de «abandono», que puede ser real, pero que puede también ser imaginario.

Repasan una y otra vez su propia autobiografía tratando de descubrir huellas o claves de interpretación de su sufrimiento, reviven viejas heridas y se pierden en el laberinto de las emociones. En la vida cotidiana, pueden sentirse turbados por un descuido, por un comentario poco delicado, por un cumpleaños olvidado o por una llamada telefónica no hecha.

Esta aguzada sensibilidad repercute en su humor, sumamente variable, y en su estado de ánimo, frecuentemente triste y melancólico. Piensan a menudo en el tema del sufrimiento y de la muerte, y a veces incluso en el suicidio.

El hecho de sentirse perdidos en el laberinto de los sentimientos les impide obrar de un modo disciplinado y les hace carecer de confianza en la gestión de las cosas prácticas y materiales de la vida. Cuando no están absorbidos por el pasado, corren el riesgo de proyectarse hacia el futuro, al objeto de imaginar realidades y posibilidades nuevas que hagan la vida más interesante. De hecho, lo que más difícil les resulta es valorar y vivir el presente.

Las esperanzas frustradas, las injusticias padecidas o la hipocresía pueden hundirles en el pesimismo, y el ser traicionados por alguien puede convertirse en una herida que los artistas no olvidan ni perdonan fácilmente.

La necesidad de contar con un afecto o con una relación puede hacerles celosos o posesivos frente al peligro de perder ese vínculo. No es infrecuente que vivan una relación más intensamente cuando la persona amada está lejos, porque la fantasía crea escenarios más deseables. El desafío al que tienen que hacer frente es el de ir más allá de su propio estado anímico para orientar sus energías hacia la acción.

Los demás pueden sentirse irritados con los *artistas* por su humor variable, por sus expectativas irreales y por su excesiva insistencia en los sentimientos.

«5»: Observador

La convicción de fondo que bloquea la libertad y la creatividad del observador se expresa en la siguiente frase: «Sólo estaré bien si soy sabio».

Son personas que se sienten más a gusto en el mundo de los pensamientos que en el de los sentimientos o la acción. Consideran que el conocimiento es la forma más noble de vida y tratan de que su saber se convierta en sabiduría.

Siguiendo su propia lógica, organizan el saber en departamentos o categorías, en los que acumulan todas las informaciones útiles para afrontar la vida. La mente es el medio para ejercer el control y conseguir la claridad en un mundo que se muestra tan caótico. Pero, a pesar de todo lo que puedan haber aprendido, no se sienten preparados para asumir el compromiso de una responsabilidad o de una implicación concreta.

Y si alguien se aventura a poner en entredicho su lógica o a ridiculizar su modo de pensar, dan rienda suelta a una agresividad que normalmente mantienen reprimida y controlada.

Fundamentalmente, los observadores canalizan su ansiedad hacia objetivos intelectuales. Si alguien les pregunta lo que sienten, responden diciendo lo que piensan. En cierto sentido, consideran que los sentimientos son inferiores y secundarios respecto de las ideas. Gestionan con dificultad sus estados de ánimo y se sienten a disgusto a la hora de expresar la intimidad interpersonal. Su reserva y su control emotivo podrían dar la impresión de que son fríos o indiferentes, aunque en el fondo son sumamente sensibles.

A veces se refugian en su torre de marfil, entreteniéndose con sus libros preferidos y otros distintos intereses personales. A menudo se sienten poco capacitados a nivel humano, aunque su humor y su inteligencia hacen que su presencia sea grata e interesante. Son muy celosos de su autonomía y se resisten a pedir lo que necesitan. También evitan en lo posible las situaciones de conflicto, que podrían desatar esa agresividad que tratan de mantener oculta para no parecer ridículos.

Los demás pueden sentirse irritados por la reserva y el misterio, por la lentitud a la hora de traducir las ideas en acción y por el control emotivo de los *observadores*.

«6»: COLABORADOR

La convicción de fondo que bloquea la libertad y la creatividad del colaborador se expresa en la siguiente frase: «Sólo estaré bien si soy responsable».

La necesidad de mostrar la fidelidad a las personas y la lealtad a las normas de una autoridad preestablecida suele enmascarar una inseguridad de fondo. En la práctica, esta personalidad depende de la seguridad que proporciona la dependencia externa y de la necesidad de acomodarse para ocultar las propias dudas e indecisiones y el miedo a equivocarse y a sentirse juzgado. Fundamentalmente, estas personas carecen de confianza en sí mismas y la buscan en otra parte. Tienden a identificarse con las instituciones de pertenencia (familia, iglesia, partido, etc.), por lo que cualquier crítica formulada contra estos grupos la sienten como dirigida a ellos mismos.

Además, la tendencia a sacrificarse por los valores en los que creen les lleva a ser críticos y desconfiados con los que se comportan de manera diferente y no se atienen a la línea de conducta del grupo. A veces, la irresponsabilidad de otros genera en el colaborador resentimiento y dificultad para perdonar a quienes se apartan de la orientación general.

La necesidad de claridad y de distinguir debidamente lo negro de lo blanco hace que les resulten molestas la ambigüedad y la indefinición en la vida y en las relaciones. Al mismo tiempo, sin embargo, el colaborador desea dar una buena imagen de sí mismo, tiende a evitar el enfrentamiento directo con las personas, es propenso a aplazar las cosas para otro momento, evita decir «no» a las peticiones que se le hacen y corre el riesgo a veces de asumir funciones o tareas que no le corresponden.

Su incierta autoestima alimenta en él sentimientos de inferioridad y de ansiedad que se manifiestan en sus relaciones y en su toma de decisiones. El colaborador se resiste frecuentemente a aceptar cumplidos, porque es escéptico acerca de la autenticidad de su interlocutor y trata de percibir razones o intereses ocultos detrás de las alabanzas. Además, tiene miedo al éxito y pierde fácilmente oportunidades, tanto en el ámbito del estudio como en el del trabajo o en el de las relaciones, porque se siente bloqueado por el temor al fracaso.

A los demás les puede irritar el titubeo, la aprensión y la excesiva dependencia de las normas y del deber que manifiestan los *colaboradores.*

«7»: Optimista

La convicción de fondo que bloquea la libertad y la creatividad del optimista se expresa en la siguiente frase: «Sólo estaré bien si soy simpático».

Instintivamente, los optimistas tienden a ver siempre el lado positivo de las cosas y a evitar el lado negativo, convencidos de que todos los problemas pueden resolverse si se afrontan con confianza. Este exagerado optimismo les hace aparecer a los ojos de muchos como superficiales e irrealistas. Aun cuando las cosas no funcionen debidamente, tienden a enmascarar con su habitual sonrisa el malestar y el sufrimiento que ello les provoca.

Si se les hiere, prefieren apartarse y lamerse las heridas. Manifiestan cierta dificultad para escuchar los problemas de los demás, porque son propensos a distraerse y a ver el aspecto menos comprometedor de las cosas. Tienen una tendencia innata a eludir todo cuanto pueda resultar fatigoso y aburrido y a buscar compulsivamente lo que es gratificante y estimulante. La excitación de lo nuevo les ayuda a superar la rutina del presente.

Se entusiasman con proyectos nuevos, pero no se puede contar con ellos para realizarlos. Cuando algo resulta penoso y laborioso, los optimistas se escabullen y van en busca de otros estímulos. Tienen dificultad para establecer prioridades y para decidir qué es lo realmente importante y llevarlo a cabo. A menudo carecen de método, de perseverancia y de tenacidad frente a las dificultades y frente a las meras obligaciones cotidianas.

El estilo de sus relaciones es vibrante e intenso: son ruidosos, impacientes, compulsivos; comen y hablan de prisa, como si quisieran multiplicar las experiencias y no perder un tiempo precioso. Tienen dificultad para expresar sus sentimientos verbal y directamente: cuando se encolerizan, pueden recurrir a la ironía o al sarcasmo para no correr el riesgo de la confrontación o del rechazo; cuando desean expresar su afecto, hacen regalos.

Los demás pueden irritarse por el ritmo incesante, por la aparente superficialidad y por la tendencia a eludir el trabajo que caracterizan a los *optimistas*.

«8»: Jefe

La convicción de fondo que bloquea la libertad y la creatividad del jefe se expresa en la siguiente frase: «Sólo estaré bien si soy fuerte».

Los jefes interpretan la vida como una lucha y tratan de conseguir una posición de control y de dominio. El riesgo está en que pueden ganar esa batalla, pero, al mismo tiempo, perder a los amigos. Interpretan la realidad en términos de blanco y negro: ellos deciden el color de la misma y se cierran a otras propuestas o consideraciones. Determinan, por ejemplo, lo que es justo o injusto imponiendo a los demás lo que a ellos les parece obvio. Este comportamiento puede hacerles arrogantes, agresivos, dictatoriales y autoritarios. Hay quienes pueden sentirse intimidados por su seguridad y determinación, y hay también quienes, al expresar su desacuerdo con ellos, se arriesga a provocar su reacción.

Formulan juicios rápidos sobre las personas y sobre las situaciones sin conocerlas a fondo. Pasan de una primera impresión a conclusiones apresuradas. Reconocen fácilmente los puntos débiles de un interlocutor y saben aprovecharlo si se les provoca.

No es de su agrado la incertidumbre y la ambigüedad de quien tiene miedo a posicionarse con claridad. Privilegian la acción y experimentan una cierta dificultad en el terreno de la introspección y de los propios sentimientos, lo cual les lleva a no prestar atención ni mostrarse sensibles a los estados de ánimo de los demás. Quizá interpretan la sensibilidad como debilidad o indecisión. A menudo carecen de tacto y de diplomacia para hacer las cosas o para transmitir mensajes, y su falta de método contribuye a que se rechacen sus aportaciones. Son poco propensos a manifestar la ternura en público, e incluso con las personas más íntimas expresan sus afectos más de una manera física y material que verbal. Su modo de relacionarse puede dar la impresión de que no tienen necesidad de nadie.

Los demás pueden sentirse irritados por la arrogancia, la seguridad y la inflexibilidad de los *jefes*.

«9»: MEDIADOR

La convicción de fondo que bloquea la libertad y la creatividad del mediador se expresa en la siguiente frase: «Sólo estaré bien si soy bueno».

Los *mediadores* se esfuerzan en mantenerse tranquilos e inalterables externamente, y nada parece demasiado urgente para ellos. Tienen dificultad para iniciar nuevos proyectos y prefieren diferir las cosas para mañana sin dejarse llevar por la prisa o el estrés.

Alivian la ansiedad a base de rutina, de horarios establecidos y de una existencia caracterizada por pequeños hábitos personales que contribuyen a dar estabilidad y paz a la vida cotidiana. El objetivo inconsciente de los mediadores consiste en controlar las energías emotivas reprimiendo los sentimientos, fuente de tensión y de conflicto. El resultado de esta represión es un limitado nivel de autoconocimiento que se manifiesta en el malestar que experimentan ante la pregunta «¿Cómo te sientes?».

Uno de los sentimientos que peor manejan es la rabia, que expresan de manera indirecta mediante la obstinación, por ejemplo, o no respondiendo a las expectativas de los demás, o ralentizando el ritmo cuando los demás quieren ir deprisa, o callándose como forma pasiva de expresar su resistencia.

Dan la impresión de negarse a afrontar los problemas y de no saber distinguir lo que es importante y lo que es secundario en una situación. También tienen dificultad para tomar decisiones, para decir «sí» o «no», evitando así el riesgo de decantarse por una u otra parte y provocar un conflicto. No se distinguen precisamente por su capacidad para centrar su atención en un punto, y su energía se diluye en muchas y muy diversas cosas.

Son más bien lentos para la acción y necesitan sentirse estimulados desde fuera para hacer las cosas. Su débil motivación está relacionada con la modesta imagen que tienen de sí mismos: tienden a minusvalorarse, a considerarse inferiores a los demás y a no reconocer su propia valía personal. Se resisten también a la introspección, por temor a que les ocasione malestares y tensiones que no se sienten capaces de afrontar.

Los demás pueden sentirse irritados por la calma, la negativa a afrontar los problemas y la dilación de los asuntos que caracterizan a los *mediadores.*

2.10. El estilo de comunicación de las nueve personalidades

La elaboración de un modelo de comunicación que refleje el modo de ser de las diversas personalidades puede ser útil si tenemos en cuenta los cinco factores que caracterizan el horizonte de la interacción:

— la comunicación verbal;
— la gestualidad y la comunicación no verbal;
— el uso del espacio personal;
— la relación con el tiempo;
— el vestido.

En la exposición de estos factores[12], conviene centrar la atención en las *motivaciones* subyacentes a los comportamientos de las personas, en lugar de quedarse en la mera consideración de su conducta. En esta perspectiva, es importante observar, por ejemplo, no cómo se viste una persona, sino por qué viste de esa determinada manera.

Vamos a ver la relación que cada personalidad mantiene con estos cinco factores, para lo cual vamos a esbozar las características del modo en que cada una de ellas se sitúa y se relaciona.

***

Los idealistas

La comunicación verbal

Los «1» se comunican verbalmente juzgando de manera instintiva la realidad: centran su atención en los comportamientos, no en las motivaciones que puedan subyacer a éstos. Tienden a moralizar: «¿Has visto?; ¿no te lo había dicho yo?»; «Así no se hace»; «Te has equivocado»... En su vocabulario se repiten expresiones como «Es preciso»; «Habría que»; «Todos deberíamos»... Su tono de voz es a

---

12. El autor se siente deudor de las ideas de esta sección a su participación en un Curso animado por Beesing y O'Leary.

veces tajante y/o culpabilizante. En ocasiones se demoran en repetir informaciones o instrucciones para cerciorarse de que su interlocutor ha comprendido bien y no va a cometer errores.

Gestualidad

A los «1» les cuesta mucho estar relajados. Su constante tensión les lleva a mantener el cuerpo erguido y los músculos dispuestos para la acción. En general, son tipos altos y delgados, cuyo físico está dominado por el sistema nervioso.

Uso del espacio

Los «1» tienen fama de estar obsesionados por el orden. Cada cosa debe estar en su sitio: las carpetas, los zapatos, los vestidos... Su entorno debe reflejar una imagen de limpieza y perfección. Ahora bien, a pesar de ser meticulosos y organizados, en su ambiente hay casi siempre un lugar desordenado, cuya función y contenido sólo ellos conocen.

Relación con el tiempo

Los «1» ven el tiempo como algo que hay que valorar y que no debe derrocharse inútilmente; por eso lo organizan y utilizan responsablemente. El tiempo está hecho de horarios y plazos a los que hay que atenerse. A menudo se sienten estresados porque el tiempo nunca les llega para cumplir correctamente sus deberes. Tienen siempre la sensación de que, si hubieran tenido más tiempo, las cosas habrían salido mejor.

Vestido

Junto a los «4», los «1» son las personas que más atención prestan al modo de vestir como medio de transmitir su imagen. Su ropa suele estar bien coordinada, visten con gusto y elegancia y prefieren los colores clásicos.

La comunicación verbal

A los «2» les gusta charlar y se distinguen por el calor y la intimidad de su conversación. Cuando se encuentran con un conocido por la calle, le saludan cordialmente («¡Qué buen aspecto tienes!»; «¡Estás guapísima con ese vestido!»...) para entrar con buen pie y ganarse a su interlocutor. Su comunicación se caracteriza por la facilidad con que tienden a dar consejos: «Escúchame, te lo digo por tu bien...»; «Yo te sugeriría que...»; «Sigue mi consejo y no te arrepentirás»...

Gestualidad

A los «2» les va muchísimo la intimidad física: se mueven con naturalidad y rapidez en el espacio ajeno y establecen fácilmente contacto físico mediante un saludo, un abrazo o una caricia. «Deseo de ternura» podría ser el título de su manual de relaciones cotidiano.

Uso del espacio

Los «2» se rodean de objetos y recuerdos que les recuerdan sus afectos más íntimos y sus amistades más significativas. Les gusta vivir en ambientes acogedores y cálidos, donde haya flores, muñecas, peluches... Cuando alguien llega a su casa, él ya le ha servido un café y unos dulces antes de que tenga tiempo de sentarse.

Relación con el tiempo

Los «2» viven el tiempo como oportunidad para relacionarse, gracias a su disponibilidad para con los demás. El tiempo tiene para ellos sobre todo un significado interpersonal, pero asume un significado impersonal cuando tienen que limitarse a cumplir sus obligaciones. En la medida de lo posible, tratan de comunicarse y establecer contacto con las personas antes de ponerse a trabajar.

Vestido

Los «2» no visten tanto para sí mismos cuanto para gustar a las personas que son significativas en su vida. Prefieren los colores cálidos y un estilo desenvuelto y deportivo.

***

LOS ORGANIZADORES

La comunicación verbal

Los «3» son especialistas en el arte de la comunicación: gracias a sus dotes de persuasión, son capaces de vender sus ideas e iniciativas. La palabra constituye un arma importante para conquistar a los demás y alcanzar el éxito. Interpretan con facilidad el papel del viajante a comisión que sabe vender sus propuestas, convencer a quienes le escuchan y seducir con su carisma.

Gestualidad

El lenguaje no verbal de los «3» es vivo, entusiasta y cautivador. Utilizan los gestos y los comportamientos adecuados para suscitar la atención, impresionar a sus interlocutores y ganarse su simpatía y confianza, todo ello en orden a conseguir sus objetivos.

Uso del espacio

Los «3» viven con frecuencia en medio de un desorden ordenado. Su vida, intensa y polifacética, les lleva a acumular muchas cosas de un modo un tanto caótico. Más que por fotografías de carácter afectivo, sus ambientes se caracterizan por los símbolos de las metas alcanzadas y por cuadros con paisajes relajantes. Prefieren los objetos ágiles y funcionales a los recargados y rebuscados.

Relación con el tiempo

Los «3» se relacionan con el tiempo como algo que deben usar para conseguir sus objetivos. El tiempo tiene valor cuando se utiliza bien y de manera productiva: es un medio para conseguir resultados, y es importante distribuirlo bien. Los «3» viven prácticamente en lucha contra el reloj, porque a veces trabajan simultáneamente en proyectos diferentes y con un tiempo limitado. Incluso cuando van de vacaciones, tienen la costumbre de llevarse trabajo para hacer más productivo su tiempo.

Vestido

Los «3» visten en función de la imagen que desean dar, y prefieren consultar al elegir su ropa. Saben adaptarse con desenvoltura a todos los contextos y pasan con facilidad del modo de vestir informal al tradicional y clásico. Lo importante para ellos es dar una imagen de seguridad, armoniosa y eficaz para ganarse la estima de la gente.

***

LOS ARTISTAS

La comunicación verbal

Los «4» sufren porque son conscientes de no ser capaces de expresar adecuadamente todo lo que sienten, viven y piensan. Por eso su comunicación tiene una connotación de lamento; y la esencia del lamento es la sensación de una carencia. El lamento del «4» se expresa a través de largos suspiros y frases incompletas: «No sé cómo expresarme»; «No sé si me entiendes»; «No consigo decírtelo como querría»... Tienen la percepción de que la complejidad de su mundo interior no encuentra expresión verbal adecuada y satisfactoria.

Gestualidad

Los «4» se comunican no verbalmente a través de suspiros y miradas que dicen más que mil palabras. Son más bien contenidos y reservados en lo referente a la expresión de la intimidad física.

Uso del espacio

El ambiente es para los «4» una dimensión vital para comunicar su unicidad, su sentido estético y su mundo interior. Eligen cuidadosamente los objetos de su casa: las plantas, los símbolos, los cuadros y los colores deben hablar por ellos y de ellos.

Relación con el tiempo

Los «4» miden el tiempo más a través del filtro de sus estados de ánimo y sus resonancias emotivas que a través de las agujas del reloj. Cuando se sienten tristes, tienen la sensación de que el tiempo se ha detenido; cuando están contentos, les parece que el tiempo pasa demasiado aprisa. A veces parecen excesivamente ligados al pasado, que perciben lleno de oportunidades perdidas, y no demuestran suficiente capacidad de actuar en el presente. El tiempo vibra con mayor intensidad cuando se encuentran en sintonía con sus propios sentimientos y saben traducirlos en expresiones creativas y gratificantes.

Vestido

También el vestido representa para los «4» un modo de expresar su originalidad y unicidad. En general, no les gustan los colores demasiado vivos, sino otros más apagados y desvaídos. El vestido les ayuda a sentirse diferentes, y el modo de llevarlo refleja su clase y originalidad.

***

La comunicación verbal

Los «5» se preocupan de explicar las cosas y emplean un modo de hablar razonado, lógico y analítico. Lo que pretenden es comprender y hacer comprender las cosas. Si se someten a una revisión sanitaria, necesitan que se les den explicaciones para colaborar mejor con el equipo médico; si imparten una lección académica, exponen y desarrollan claramente el tema y salpican su discurso de expresiones como «¿Está claro?», «¿Me he explicado?», «Pasemos ahora al segundo punto»...

Gestualidad

Los «5» se olvidan a veces de que la cabeza está unida al cuerpo. Están tan absortos en el desarrollo articulado de su pensamiento que se olvidan de dar vivacidad y vitalidad a sus ideas a través de la corporeidad. Por eso su mensaje parece seco, frío y distante. Si quieren mejorar en la comunicación, deben prestar más atención a la expresión corporal y a la comunicación no verbal.

Uso del espacio

A los «5» les gustan los lugares sobrios y escuetos, caracterizados únicamente por aquellas cosas que reflejan sus intereses. Casi todos ellos viven en un ambiente donde el saber (los libros, una biblioteca...) ocupa un lugar privilegiado. Necesitan disponer de un espacio personal que garantice su privacidad y su reserva.

Relación con el tiempo

Los «5» perciben el tiempo como algo abstracto e impersonal. Si están haciendo algo interesante, como leer un libro o visitar un museo, pierden la conciencia del tiempo.

Un tiempo que ellos valoran en la medida en que contribuye a ampliar sus conocimientos, a ensanchar sus horizontes y a observar la vida. En este sentido, el tiempo nunca les parece suficiente. A la hora de organizar los diferentes momentos de la vida, tratan de distribuir el tiempo de un modo programado y sistemático.

Vestido

Los «5» dan primacía a lo funcional y práctico. No son personas que siguen la moda ni se distinguen por su elegancia o la vistosidad de sus ropas. Prefieren pasar casi inadvertidos y no atraer la atención sobre ellos.

***

LOS COLABORADORES

La comunicación verbal

A la hora de comunicarse, los «6» se dejan guiar por la prudencia y la cautela: «¿Puedo...?»; «¿Si se me permite...?»; «Antes de decidir, quisiera escuchar el parecer de los demás»... Su manera de expresarse revela sus dudas y sus temores a la hora de adoptar una postura, tomar una decisión o transmitir directamente lo que sienten. Son amables, pero cautelosos y prudentes en la comunicación.

Gestualidad

Las expresiones no verbales de los «6» se adaptan a las circunstancias. No son ni demasiado espontáneos ni demasiado rígidos, sino que tratan de proyectar una imagen digna y apropiada. Cuidan especialmente los gestos de hospitalidad; de ahí que, cuando tienen a un invitado en casa, le tratan del modo más exquisito posible. Se preocupan de que todo esté en orden, desde las toallas en el cuarto de baño hasta las bebidas en la mesa, todo en orden a conseguir que el visitante se sienta bien acogido.

Uso del espacio

El ambiente de los «6» suele estar lleno de objetos y recuerdos que reflejan pertenencias, compromisos y lazos afectivos: desde fotos de familia hasta regalos de aniversario, desde símbolos religiosos hasta recuerdos del servicio militar. Viven en lugares normales y acogedores y tienden a guardarlo todo, porque un día podría servirles.

Relación con el tiempo

Los «6» experimentan el tiempo como una autoridad a la que hay que someterse y obedecer. El sentido de la responsabilidad se mide concretamente por su fidelidad al tiempo. A menudo se sienten agobiados y controlados por el reloj, porque los compromisos han de cumplirse conforme al horario establecido. El reloj es un amo que establece el modo de organizar la vida, las relaciones y el trabajo.

Vestido

Los «6» tienden a vestir de manera cómoda y funcional. Son más bien moderados en sus gastos y prefieren adquirir ropas poco costosas y vistosas. En ocasiones especiales consultan con otros, a fin de saber cómo deben vestirse para poder presentarse adecuadamente.

***

LOS OPTIMISTAS

La comunicación verbal

Los «7» tienen una manera de expresarse viva, fascinante y a menudo arrebatadora. Ya sea que describan un paseo, un encuentro o una experiencia, siempre recurren a la fantasía y a una serie de detalles y adjetivos que atraigan el interés de la audiencia: «¡Ha sido fantástico!»; «¡Fue increíble!»; «¡Ha sido una experiencia maravillosa!»; «¡Ha sido un espectáculo memorable!»; «¡Fue de locura!»...

Gestualidad

En el plano de la comunicación no verbal, los «7» son los que, por lo general, se comunican con mayor soltura y espontaneidad y transmiten una mayor carga de energía. Además de un lenguaje colorista y estimulante, disponen de un cuerpo en vibración constante que se expresa a través de un humor contagioso y unos gestos expresivos y cautivadores que gravitan en torno a un rostro sonriente y unos ojos chispeantes. Son la imagen del niño eterno.

Uso del espacio

Los «7» prefieren vivir en ambientes amplios, espaciosos, luminosos y llenos de elementos estimulantes y que contagian la alegría. Sus casas suelen estar adornadas con cuadros, luces y colores que revelan su exigencia de vitalidad y variedad.

Relación con el tiempo

Los «7» perciben el tiempo como un horizonte ilimitado que permite realizar innumerables proyectos y posibilidades. No se sienten agobiados por el horario, sino que tienen una relación relajada y despreocupada con el tiempo. En general, tienen dificultad para llegar puntualmente a las citas, porque a lo largo del trayecto van reaccionando a toda una serie de estímulos relacionales y materiales que les resultan gratificantes. Les gusta imaginar y programar el futuro para hacerlo más interesante, detestan la rutina y tienden a diferir las cosas difíciles.

Vestido

Los «7» visten lo que les resulta cómodo y agradable. Suelen vestirse sin pensárselo demasiado, obedeciendo a su instinto y al estado de ánimo en que se encuentran. Prefieren las prendas amplias y los colores alegres.

La comunicación verbal

Los «8» se comunican verbalmente a través de la confrontación como modo de establecer contacto; no son diplomáticos y se sorprenden cuando los demás se sienten atemorizados por su directividad. Sienten que la verdad se abre paso si se presiona un poco, desean llegar inmediatamente al meollo de las cosas, sin perder mucho tiempo en disquisiciones, y tantean a sus interlocutores para saber lo que piensan y de qué lado se decantan: «¿Con quién estás tú?»; «Me gustaría oír tu opinión»... Parten de la claridad de sus propias convicciones para saber dónde se encuentran los demás. Algunos hablan casi a gritos y con decisión; otros emplean un tono más moderado, pero siempre enérgico.

Gestualidad

El modo de ser y de comportarse de los «8» exige el respeto de los demás. Algunos no emplean muchos gestos, pero sus expresiones, medidas e intencionadas, centran la atención en lo esencial.

Uso del espacio

Cada «8» es un jefe y tiene su propio modo de relacionarse con el espacio en el que vive: unos conservan muchas cosas que podrían necesitar algún día, mientras que otros tienden a prescindir de lo innecesario; a unos les gustan los ambientes ordenados, y a otros no. Todos, en cualquier caso, necesitan ejercer el control sobre su espacio personal; y si alguien lo invade sin permiso, reaccionan con energía.

Relación con el espacio

Los «8» no se sienten condicionados por el tiempo, sino que tratan de controlarlo eligiendo las cosas que deben hacer en cada momento. El tiempo tiene un significado en la medida en que tiene que ver con la acción: cuando están ocupados en algo importante, el tiempo no tiene la menor importancia. Se impacientan cuando tienen que contar con los límites que otros tratan de imponerles, y prefieren hacer lo que hay que hacer sin dilaciones inútiles.

Vestido

Los «8» visten como a ellos les agrada, sin dejarse condicionar demasiado por la opinión de los demás. El estilo de algunos de ellos es sencillo y práctico; el de otros, clásico y elegante.

***

LOS MEDIADORES

La comunicación verbal

Los «9» se expresan concediendo a cada cosa la misma atención emotiva e intelectual, para no correr el riesgo de mostrar preferencias y generar conflictos. Si se les pide que tomen postura ante dos distintas tesis expuestas en un grupo, pueden decir: «Estoy de acuerdo con "X" por esto, y con "Y" por esto otro». Su tono de voz es sereno, reflexivo y libre de aquellas emociones que podrían agrietar las relaciones. A menudo se comunican por medio del humor, lo cual les hace especialmente atractivos.

Gestualidad

Los gestos de los «9» son medidos y controlados. No son muy enérgicos por naturaleza; les gusta la compañía, son acogedores y pasan gustosamente el tiempo con los amigos o frente al televisor. Saben adaptarse bien a las circunstancias y son cordiales y delicados en sus manifestaciones de afecto.

Uso del espacio

Los ambientes de los «9» suelen ser limpios y ordenados, con pocas cosas, pero muy significativas para ellos.

La relación con el tiempo

Los «9» mantienen una relación distendida con el tiempo, son metódicos y hasta rutinarios en el modo de hacer las cosas y presumen de ser fieles en la realización del trabajo, especialmente en sus compromisos profesionales. A la hora de organizar su tiempo, evitan introducir variaciones y horarios estresantes. Les gusta vivir en ambientes serenos, prefieren hacerlo todo con calma y difieren para mañana lo que no pueden hacer hoy.

Vestido

Los «9» no se distinguen precisamente por vestir a la última moda. La ropa no tiene excesiva importancia para ellos. Visten de manera informal y cómoda y son más bien conservadores en cuanto al estilo y a los colores.

2.11. Elementos simbólicos de cada personalidad

Esta sección recoge una serie de aspectos simbólicos que, a través de otros lenguajes, condensan y consolidan las connotaciones y características típicas de las personalidades del enneagrama.

Presentamos las aportaciones simbólicas bajo los epígrafes específicos de un color, una flor, un objeto, un animal y una nación, que recuerdan atributos de las nueve tipologías[13]. El animal que ilustra la fase compulsiva alude

---

13. La teoría de los animales y de los colores fue propuesta inicialmente por O'Leary y Beesing; la de las naciones, por Rhor. Lo referente a las flores y a los objetos es aportación del autor.

a la tendencia de la personalidad a dejarse condicionar por las compulsiones y las ilusiones; el animal elegido para la fase integradora refleja el camino de crecimiento y maduración.

***

IDEALISTA

COLOR: *gris-plateado.* Este color, mezcla de blanco y negro, es un color discreto, a la vez que brillante y claro, que promueve la reflexión y la imaginación. En los tests de Luscher, el gris indica, por lo general, un estado latente de ansiedad y tensión. La naturaleza viste con este color, neutro pero siempre de moda, a sus gigantes: las ballenas y los elefantes. El gris se asocia también con la inteligencia, con la sustancia (materia gris) del cerebro y con los cabellos canosos (plateados) del sabio. Gris es el color de las nubes y de los metales que se usan para fabricar las armas, los aviones y los barcos.
  Atributos negativos: el gris es el color de la decadencia, de la neutralidad y de la frialdad.

FLOR: *el lirio.* Esta flor, graciosa y amante de los sotobosques frescos y umbríos, refleja la actitud tímida y reflexiva de los «1». Apreciada especialmente por la delicadeza de su perfume y la sencillez de su apariencia, simboliza la necesidad de refinamiento y transparencia de los idealistas.

OBJETO: *la pirámide.* Los «1» están comprometidos constantemente en el esfuerzo por mejorarse a sí mismos y el mundo en el que viven. La pirámide simboliza esta tensión hacia la perfección.

ANIMAL: *Fase compulsiva:* el *terrier* (perro inquieto y agresivo que primero muerde y luego ladra). Recuerda la actitud crítica de los «1».

— 105 —

Fase integrada: la *abeja* (ingeniosa, bien organizada, metódica y laboriosa).

NACIÓN: *Suiza* (ordenada, precisa, limpia y laboriosa).

***

AYUDADOR

COLOR: *rojo.* El más cálido de todos los colores, el rojo atrae la atención y posee un gran impacto emotivo. Su carácter dinámico y llamativo hacen de él el color apropiado para las señales y las luces de «stop». El rojo se asocia con la sangre y el corazón, con la carne y los sentimientos. Las emociones que evoca el rojo son aquellas que hacen que la sangre se suba a la cabeza: desde la pasión hasta el valor, desde la rabia hasta la alegría. La relación entre el rojo y la vida ha hecho de él un color significativo en todas las culturas. La naturaleza masculina del rojo ha sido relacionada siempre con la lucha. En la tradición cristiana, el rojo es símbolo del amor y del martirio.
Atributos negativos: el rojo se relaciona con la impulsividad, con la ira y con el derramamiento de sangre.

FLOR: *la rosa.* Probablemente es la flor más estimada y conocida. Se presenta con distintos colores: rosa, amarillo, blanco, rojo... La rosa simboliza el amor y refleja la actitud afectuosa de los ayudadores, que irradian siempre la fragancia de su benéfica presencia.

OBJETO: *el corazón en las manos.* Los «2» se realizan en la medida en que se dan y están disponibles para los demás. «Más corazón en esas manos», solía decir san Camilo de Lelis a sus hermanos dedicados a servir a los enfermos.

ANIMAL: *Fase compulsiva:* el *gato* (seductor y ambiguo, afectuoso y cercano, pero al mismo tiempo libre e independiente).

Fase integrada: el *perro irlandés* (cariñoso y fiel, se entrega incondicionalmente a su amo).

NACIÓN: *Italia* (afectuosa, maternal, disponible y acogedora).

***

ORGANIZADOR

COLOR: *amarillo.* El amarillo, color típico de la primavera, representada por las prímulas, es el color más visible. La facilidad para advertirlo ha hecho de él en uno de los colores preferidos para la publicidad. Es el color de la luz y de la alegría. Representa el intelecto y el sol que transmite la vida.

Atributos negativos: el amarillo se identifica a veces con la vileza y la traición (en la Edad Media se pintaba siempre de amarillo a Judas, el traidor, y los nazis obligaron a los judíos a llevar un brazalete amarillo). Es sinónimo de enfermedad y de superficialidad.

FLOR: *el girasol.* Esta flor realiza diversas funciones: produce aceite y transmite belleza. El girasol emite mucha luz, convive bien con los otros girasoles y sabe cambiar de posición para que siga besándole el sol. Al lado de otras flores, destaca por su altura y por la imagen que da de seguridad.

OBJETO: *la agenda.* Los «3», tendentes a proponerse multitud de objetivos, necesitan una agenda para recordar sus diferentes compromisos y distribuir el tiempo de la manera más eficaz.

ANIMAL: *Fase compulsiva:* el *pavo real* (ambicioso y con afán de protagonismo, atrae la atención valiéndose de la belleza de su plumaje).

Fase integrada: el *águila* (dominadora de los cielos, tiene una identidad definida y es símbolo de poderío).

NACIÓN: *Estados Unidos* (pragmatismo, eficacia, energía y apertura al futuro).

***

ARTISTA

COLOR: *morado.* El color morado (y sus parientes, el púrpura y el lila) procede de la unión del rojo con el azul. El rojo es el componente masculino y físico, y el azul refleja lo femenino y espiritual. En psicología suele relacionarse el morado con la profundidad de los sentimientos y con la sensualidad; es también el color de la magia, del misterio y de lo irreal. En la simbología cristiana es el color de lo sagrado, de la penitencia, de la pasión y de la muerte, como acreditan los ornamentos de la cuaresma y de las exequias.

Atributos negativos: el morado (y especialmente el púrpura) se considera el color de la pompa y la orgía y simboliza también la depresión.

FLOR: *el nenúfar* (o lirio del agua). Es la reina de las plantas acuáticas. Puede encontrarse en la superficie de los estanques y en las orillas de los ríos de corriente lenta. Sus hojas verdes sirven de sugerente marco a la flor, formada por pétalos lechosos que se abren de día y se cierran de noche. La singularidad y la elegancia del nenúfar sugieren interesantes paralelismos con la personalidad de los artistas.

OBJETO: *el caleidoscopio.* Para apreciar a los «4» hay que acceder a su intimidad y descubrir el mosaico de matices y sentimientos que les habitan. El caleidoscopio es una invitación a ir más allá de la apariencia externa para entrar en la catedral interior y contemplar la belleza de los colores.

ANIMAL: *Fase compulsiva:* el *perro ratonero* (perro de caza francés, de orejas gachas y ojos tristes). Recuerda el abstraimiento emotivo de los «4».

— 108 —

Fase integrada: el *caballo* (símbolo de libertad y armonía, de gracia y creatividad).

NACIÓN: *Francia* (única, refinada, elitista y excéntrica).

***

OBSERVADOR

COLOR: *azul.* Es el más sereno de los colores: fresco, apacible y profundo. Está presente en la inmensidad de los cielos y en la profundidad de los mares. En sus matices obscuros simboliza la pasividad, la calma contemplativa y la inmovilidad. Es símbolo de realeza («sangre azul») y evoca la nobleza de un producto (la «cinta azul» como distintivo de calidad). En la simbología religiosa representa la serenidad, el paraíso y el velo de la Virgen.
   Atributos negativos: El azul puede simbolizar frialdad, alejamiento, introversión, tristeza, humor melancólico.

FLOR: *el edelweiss.* Esta flor de alta montaña prefiere los terrenos calcáreos y pedregosos y crece en los lugares menos accesibles. Es una flor seca que ama la soledad y el silencio, como los observadores.

OBJETO: *el telescopio.* Los «5» son los observadores de la vida, para lo cual necesitan acumular el mayor número posible de conocimientos. El telescopio representa la necesidad de descubrir el misterio de las cosas.

ANIMAL: *Fase compulsiva:* la *zorra* (solitaria y despierta; en las fábulas simboliza la astucia y la sagacidad).
   Fase integrada: la *lechuza* (observadora, sin ser vista, de todo cuanto la circunda. Utiliza la vista y el oído, sumamente agudos, para recoger informaciones y descubrir la presa).

Nación: Gran Bretaña (educada, reservada, alejada y conservadora).

***

Colaborador

Color: marrón. Este color, fruto de la unión del rojo con el verde, representa la sobriedad y la delicadeza de los colores neutros. Es un color estable y serio, nada chillón, que mezcla bien con otros colores, del mismo modo que los «6» sintonizan fácilmente con sus grupos de pertenencia. Es un color agradable y amistoso, que comunica apego a la tierra y solidez. En el contexto religioso representa la humildad y el sacrificio: las órdenes medievales de los mendicantes, al igual que los sufíes, llevaban hábitos marrones.

Atributos negativos: a veces se percibe como un color melancólico, falto de vida y poco interesante.

Flor: la margarita. Es una flor que crece bien en lugares umbríos y frescos, pero también en terrenos pedregosos, con tal de que sean húmedos. De su centro aterciopelado de color amarillo irradia una lluvia de laminillas blancas. La margarita expresa adecuadamente el sentido de comunión y pertenencia que es propio de esta personalidad.

Objeto: los aros olímpicos. Los «6» experimentan una profunda necesidad de relaciones y de fidelidad, y los aros representan el espíritu de compromiso y colaboración.

Animal: Fase compulsiva: el *conejo* (vulnerable y aprensivo, el peligro le mantiene constantemente alerta para reaccionar rápidamente a los peligros que le acechan).

Fase integrada: el *gamo* (manso y sociable, pero desconfiado. Es una presa deseada por muchos animales y se protege por medio de su sistema de vigilancia, su velocidad y su pertenencia al grupo).

NACIÓN: *Alemania* (obediente, leal, laboriosa y disciplinada).

***

OPTIMISTA

COLOR: *verde.* El color más relajante para la vista, el verde procede de la mezcla del amarillo, eufórico y fulgurante, con el azul, profundo y tranquilo. Simboliza el crecimiento y la regeneración, la frescura, la vitalidad y la fecundidad. Es un color relacionado con la naturaleza y evoca la paz del campo. Es también símbolo de esperanza y de juventud, de salud y de bienestar. Además, este color se asocia con la seguridad económica, y en la mayor parte de los países del mundo hay billetes de banco de color verde.

Atributos negativos: la maldad y la enfermedad. En el imaginario colectivo, el verde provoca repulsión, porque se identifica con el lagarto, con la serpiente, con las criaturas fantásticas de la antigüedad y con los monstruos de la ciencia- ficción actual, a los que suele representarse con este color.

FLOR: *la amapola.* Esta flor se encuentra a lo largo de los caminos o en los campos de trigo, junto a otras plantas herbáceas. Llama la atención por su color brillante y su aparente levedad. La amapola simboliza la vivacidad, pero también la provisionalidad, reflejada en la facilidad con que el viento arranca y se lleva sus pétalos.

OBJETO: *el arco iris.* A los «7» les gusta la variedad, el colorido y el carácter festivo de la vida. El arco iris suscita el asombro y evoca la novedad y la fragilidad de las cosas.

ANIMAL: *Fase compulsiva:* el *mono* (curioso, inquieto, ruidoso; salta de rama en rama, en busca siempre de nuevos estímulos).

Fase integrada: la *mariposa* (llama la atención por la variedad de sus colores y representa la belleza y la fragilidad. En muchas regiones, la metamorfosis de la mariposa es símbolo de la resurrección).

Nación: *España* (imaginativa, alegre, festiva y variada).

***

JEFE

Color: *blanco y negro.* Son los colores sin color: el negro es la negación del color, y el blanco la totalidad de los colores. El negro representa la oscuridad absoluta, y el blanco la absoluta luminosidad. Desde el punto de vista perceptivo, el negro sugiere solidez, y el blanco ligereza. En el siglo XVI, el negro tiñó los hábitos de la burguesía calvinista; hoy expresa la necesidad de protesta de los jóvenes «punk».

Tomados en pareja, estos dos colores representan el alfa y la omega, el bien y el mal, el nacimiento y la muerte. El negro es símbolo de fuerza, de elegancia y de autoridad; el blanco simboliza la pureza, la espiritualidad y la trascendencia. Ambos reflejan perfectamente la personalidad de los «8», que privilegian la claridad y rechazan la componenda.

Atributos negativos: el miedo al color negro es instintivo, pues recuerda la muerte y el luto. Casi todos los nombres acompañados de la palabra «negro» tienen un sentido negativo: lista negra, mercado negro, misa negra, bestia negra... El blanco tiene una connotación abstracta y evoca la frialdad y la monotonía.

Flor: *la cala.* Esta flor crece en jardines e invernaderos y llama la atención por su sólido y largo tallo, del que brota una bellísima flor blanca que simboliza la fuerza, la independencia y el prestigio.

Objeto: *la encina.* Los «8» son decididos, fuertes y protectores de los más débiles, del mismo modo que la encina es sólida, señorial y capaz de proteger a cuantos se refugian a su sombra.

ANIMAL: *Fase compulsiva:* el *rinoceronte* (decidido, agresivo, dominante).
Fase integrada: el *tigre* (seguro, regio y necesitado de controlar su propio territorio).

NACIÓN: *Israel* (resuelta, asertiva e independiente).

***

MEDIADOR

COLOR: *oro-azafrán.* Es un color intenso y relajante. Rohr[14] habla de él como del color de los dioses, los reyes y los santos. La «edad de oro» y la «ciudad de oro» son imágenes arquetípicas de la paz, la felicidad, la armonía y la realización. Los monjes budistas llevan vestidos de color oro-azafrán, símbolo de la iluminación. Es un color tranquilo, cálido y sagrado.
Atributos negativos: el oro representa la inmutabilidad, el poder y la riqueza, que pueden envilecer otros valores humanos.

FLOR: *la violeta.* Esta flor crece en pendientes frondosas y soleadas y en los bosques. Florece precozmente y se caracteriza por su color lila o violáceo y su exquisita fragancia. Su sencillez representa perfectamente la modestia de los mediadores.

OBJETO: *la balanza.* La estrategia de supervivencia de los «9» les lleva a cultivar el equilibrio, tanto en la vida como en sus relaciones, para evitar conflictos y desequilibrios. La balanza refleja esa búsqueda de moderación, estabilidad e igualdad.

---

14. RHOR-EBERT, *op. cit.,* p. 227.

ANIMAL: *Fase compulsiva:* el *elefante* (enorme y pesado, casi inconsciente de su fuerza, se mueve bien tanto en terreno llano como en el agua y en la montaña).

Fase integrada: el *delfín* (pacífico, inteligente y protector de quien necesita ser protegido).

NACIÓN: *India* (tranquila, lenta, tolerante).

***

2.12. La dimensión espiritual del enneagrama

a) Los vicios de las nueve tipologías

La Sagrada Escritura se refiere muchas veces a los vicios, aunque sin presentarlos sistemáticamente. Habla, por ejemplo, de la soberbia, origen de la experiencia pecaminosa del hombre, como fuente de todos los vicios (Sir 10,15). De hecho, fue santo Tomás de Aquino quien trató de forma sistemática las tendencias viciosas del hombre, englobándolas en torno a siete principales deseos desordenados: ira, soberbia, envidia, avaricia, gula, lujuria y pereza.

Estas tendencias viciosas, denominadas «vicios» o «pecados capitales» afectan negativamente a la vida relacional y espiritual dé quien los comete.

Los maestros sufíes, en cambio, hablan de las «pasiones» que habitan al ser humano y de la necesidad de tomar conciencia de ellas para liberarse de la esclavitud que originan.

Gurdjeff se refiere a la pasión como el «rasgo característico» o el «defecto principal» de cada tipo; pero sugiere que el defecto, si es sabiamente integrado, puede convertirse en un punto fuerte de la persona. Aunque considera que las pasiones constituyen un oscurecimiento de la mente, Gurdjeff las concibe también como fuentes primarias de energía y de crecimiento.

Sin embargo, se debe a Óscar Ichazo la brillante síntesis de un paralelismo entre los pecados capitales de la tradición cristiana y las pasiones del enneagrama. A los siete pecados tradicionales, él añade el engaño para la personalidad «3» y el miedo para la personalidad «6».

Veamos cada uno de estos vicios o pecados capitales tratando de identificar las formas y actitudes, de naturaleza psicológica y espiritual, a través de las cuales pueden manifestarse en la vida cotidiana, así como los respectivos itinerarios de crecimiento a través de la práctica de las virtudes[15].

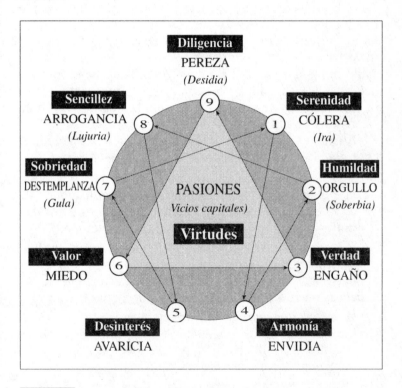

---

15. Claudio NARANJO ha estudiado con especial interés y profundidad este tema, y de él tomamos algunas de las ideas de cuanto sigue. Véanse sus libros: *Enneatype Structures: self-analysis for the seeker*, y *Character and Neurosis: an integrative view* (ambos editados por IDHHB, Nevada, en 1990 y 1994 respectivamente.

El pecado capital de la personalidad «1» es la ira o la cólera, entendida en todas sus variantes y matices: irritación, frustración, insatisfacción, resentimiento, impaciencia, desdén, intolerancia, rencor...

El elevado nivel ético y de comportamiento del «1», con las exigentes expectativas que abriga respecto de sí mismo y de los demás, le hace percibir enseguida y sufrir la diferencia existente entre el ideal y la realidad. A pesar de todos sus esfuerzos y de su incansable trabajo, la realidad y las relaciones siguen siendo muy imperfectas y dejan mucho que desear. El «1» aprieta los dientes para disimular su insatisfacción y enmascarar su ira, que le produce malestar y disgusto, porque le hace dar una imagen demasiado humana e imperfecta de sí. Está convencido de que las personas educadas no tienen que airarse jamás, y su insatisfacción se manifiesta y se somatiza en la tensión de su rostro y en el tono de su voz.

El «1» es una olla a presión, cuya rabia, contenida y controlada, puede manifestarse bajo diversas formas, tales como:

— *la superioridad:* la irritación ante las limitaciones de los demás puede traducirse en actitudes de superioridad profesional, ética, intelectual, de comportamiento...

— *el hipercriticismo:* constante inclinación a detectar instintivamente los errores y los aspectos negativos de las personas, así como a puntualizar sistemáticamente las cosas que no funcionan, tanto dentro como fuera;

— *el perfeccionismo:* excesiva preocupación por los detalles, debida a su obediencia a normas y autoridades abstractas, a su obsesión por la mediocridad y a su impaciencia consigo mismo y con los demás;

— *el moralismo:* tendencia a imponer los propios criterios y juicios, adoptando un tono de sermón y de reprimenda en relación con los comportamientos considerados erróneos; el moralismo degenera a menudo en actitudes culpabilizadoras;

— *el supercontrol:* tendencia a la rigidez y a la falta de espontaneidad. La tensión provocada puede dificultar la distensión, perturbar el sueño, complicar la digestión y originar úlceras, gastritis, etc.

PERSONALIDAD «2»: EL ORGULLO

El pecado capital de los «2» es el orgullo, que en la tradición cristiana ha sido considerado a menudo como el más grave de todos los pecados.

El «2» cree estar animado en su servicio por los más altos motivos y hacerlo todo sin segundas intenciones. En la práctica, le resulta bastante difícil observarse a sí mismo interiormente y percibir su subjetivismo. Rohr sugiere que el aparente altruismo de esta personalidad es la manera «legítima» que tiene de vivir su propio egoísmo[16].

En cierto sentido, el «2» está convencido de no tener necesidad de los demás y de que los demás, en cambio, sí tienen necesidad de él; está convencido de que él no necesita a Dios, sino que Dios tiene necesidad de su ayuda para salvar al mundo.

El orgullo, que impide la capacidad introspectiva y la aceptación global, no parcial, de la verdad, puede manifestarse de diversas maneras:

— *la hipervaloración:* tendencia a sobrevalorar los propios méritos y a creer que puede afrontarse cualquier problema contando con las propias capacidades para administrar las crisis y acudir en auxilio del prójimo. El «2» tiene una gran necesidad de sentirse necesario y/o indispensable en la vida de los demás;

— *la hipersensibilidad emotiva:* excesiva sensibilidad y ansiedad frente a las críticas o los indicios de ser rechazado. Cuando se siente herido, el «2» se cierra en sí mismo y se hace agresivo. De vez en cuando aparece la envidia como expresión de su necesidad de mantener dependientes a las personas de su entorno;

---

16. ROHR-EBERT, *op. cit.,* p. 84.

— *el hedonismo:* búsqueda del placer y de toda clase de gratificaciones, incluidas las culinarias, para compensar la falta de afecto y de ternura;

— *la seducción:* empleo de técnicas, verbales o no, para atraer sobre sí la atención de las personas que despiertan su interés o su admiración;

— *la proyección:* método recurrente de atribuir a los demás los propios sentimientos y necesidades, como justificación para honrarles mediante el propio servicio y disponibilidad.

PERSONALIDAD «3»: EL ENGAÑO

El engaño o la mentira es el pecado capital de los «3», una personalidad que busca el éxito en todo cuanto hace, para lo cual trata de embellecer y manipular la realidad. El «3» recurre a un montón de trucos para enmascarar la verdad o para vender sus propias ideas o productos. Es capaz de vender frigoríficos a los esquimales de Alaska, o paraguas a los saharianos, aduciendo las razones más convincentes del mundo. Es un maestro en el arte de la manipulación, que emplea en lugar de la honestidad, porque está convencido de que las mentiras son un modo de transmitir la verdad, pues considera que es verdadero todo lo que funciona. La tendencia al engaño, más o menos evidente, puede manifestarse de las siguientes formas:

— *la orientación al éxito:* el «3» es intuitivo y competitivo por naturaleza y no le interesan más que los resultados. Sabe imprimir enseguida la marcha adecuada para avanzar, tanto en el campo profesional como en el de las relaciones;

— *el arte de la manipulación:* se expresa en su instintiva habilidad para suscitar la admiración y el favor de los demás y para exponer sus proyectos de manera convincente a la hora de conseguir todo tipo de apoyos;

— *el pragmatismo:* su filosofía de la vida está orientada a la acción, a opciones y estrategias concretas. Para el «3» es verdadero lo que es práctico, y no existen verdades objetivas;

— *la atracción sexual:* esta personalidad se sirve de sus especiales aptitudes sociales y comunicativas para despertar la atención y ganarse las simpatías, convencido de que toda conquista afectiva es un nuevo éxito;

— *la ambigüedad:* tendencia a vivir de dos maneras diferentes: la más visible es la orientada al exterior y está hecha de apariencia, de imagen y de adaptación; la otra tiene que ver con el mundo interior y es más genuina, privada y protegida.

PERSONALIDAD «4»: LA ENVIDIA

La envidia, el pecado capital de los «4», es un sentimiento provocado por el deseo de tener lo que no está al alcance de uno. Nace de la percepción de la carencia de algo o de alguien. Este sentimiento puede asumir una connotación sexual (el deseo de mantener relaciones con alguna persona), social (la ambición de pertenecer a una clase privilegiada o de desempeñar un papel importante), material (la codicia de bienes físicos: casas, vestidos, alimentos...), intelectual (la atracción por personas cultas, eruditas y estimulantes)... La envidia puede manifestarse de las siguientes maneras:

— *la pobreza de la imagen personal:* la envidia parte de una insatisfacción por lo que se es o lo que se tiene; el individuo tiene dificultad para aceptarse y reconciliarse consigo mismo;

— *la competición:* el miedo a encontrarse con alguien que podría resultar más atractivo e interesante que él lleva al «4» a entablar una competición para no perder la batalla. La pugna puede situarse en el campo de la imagen, del vestido, del estilo de vida, de las armas de seducción empleadas para conquistar la atención de alguien;

— *la intensidad emotiva:* para sentirse vivo y especial, el «4» intensifica el «pathos» emotivo buscando todo cuanto es profundo, hermoso y doloroso, y rechazando la rutina y la vulgaridad;

— *el maridaje con el sufrimiento:* el sufrimiento es un aliado porque crea intensidad de sentimientos, riqueza de vida, sensibilidad exacerbada y mayor profundidad en el encuentro con los demás. A veces el «4» se desposa con el sufrimiento ensimismándose en el papel de víctima o de incomprendido;

— *la búsqueda de afecto:* la superación del sentimiento de vacío, de soledad y de abandono se produce mediante la búsqueda de alguien que le ame de verdad; para conseguir esa relación puede hacerse dependiente del otro.

PERSONALIDAD «5»: LA AVARICIA

El pecado capital del «5» es la avaricia. Si el «2» tiende instintivamente a darse, el «5» tiende a retenerlo todo para sí. Tras haber construido con esfuerzo su patrimonio intelectual y su mundo personal, no está dispuesto a privarse de lo que tiene o de lo que sabe, por miedo a empobrecerse.

La avaricia se manifiesta en contextos diversos: en el ámbito intelectual, como tendencia a no comunicar los propios conocimientos e intuiciones; en el ámbito afectivo, como inclinación a no compartir los sentimientos y a mantenerse emotivamente distante; en el ámbito social, como resistencia a implicarse y a emplear el tiempo en cosas superficiales; en el ámbito material, como apego excesivo a las cosas queridas. Las modalidades concretas en que puede expresarse la avaricia son las siguientes:

— *la autonomía:* el «5» tiene una especial necesidad de exclusividad e independencia, posee una gran capacidad de supervivencia y manifiesta un estilo de vida austero;

— *la orientación cognitiva:* esta personalidad se distingue por su especial predilección por ampliar su patrimonio intelectual mediante la reflexión y la discusión, incluso sobre conceptos abstractos, y mediante la lectura de temas interesantes y estimulantes;

— *el distanciamiento emotivo:* esta tendencia se advierte en el limitado nivel de autoconciencia emotiva, en la sensación de vulnerabilidad en la relación con las personas al nivel de los sentimientos, y en el miedo a la implicación afectiva y al consiguiente peligro de dependencia;

— *la huida de los compromisos:* el «5» se siente incómodo a la hora de asumir compromisos a largo plazo, porque podrían privarle de la necesaria libertad e independencia. Puede, por ejemplo, negarse al matrimonio porque el nacimiento de los hijos le exigiría emplear un tiempo y unas energías que no está dispuesto a sustraer a otras esferas vitales de su existencia;

— *la dilación de la acción:* la elaboración lógica y teórica de la existencia acaba resintiéndose si no va acompañada de la acción. Esta personalidad prefiere caminar por los senderos del razonamiento y la observación de la realidad y tiende a diferir la acción y a renunciar al propio protagonismo.

PERSONALIDAD «6»: EL MIEDO

El pecado radical del «6» es el miedo, un sentimiento que surge cuando se prevé una amenaza y que puede deberse a causas externas o internas. La amenaza o la sensación de peligro puede ser real o imaginaria y puede guardar relación con realidades presentes o futuras. El «6» es un especialista en idear escenarios catastróficos y es prisionero de sus propias trampas mentales.

· Los miedos que le torturan tienen diversos nombres: miedo al cambio, miedo a equivocarse, miedo a lo desconocido, miedo a la soledad, miedo a la crítica, miedo a la hostilidad, miedo al engaño o a la traición...

Frente a estos miedos, encuentra seguridad y refugio en la autoridad externa y en aquellas instituciones que representan puntos firmes de referencia para su acción.

«Los sufíes definieron a la Iglesia Católica como una iglesia constituida por tipos "6"; pensaban, efectivamente, que el sistema romano se basaba excesivamente en el temor y había llevado a muchas personas a tener miedo de Dios, del clero, de los pecados mortales, de sí mismos y de su propio cuerpo»[17].

Especialmente en el período que precedió al Vaticano II, la Iglesia, a través de la fidelidad y la obediencia a sus verdades absolutas e indiscutibles, se presentó como un lugar ideal para las personas inseguras.

El miedo de los «6» puede asumir diversas manifestaciones:

— *la incertidumbre crónica:* «el "6" vacila, no porque esté confuso acerca de las tareas que debe realizar, sino porque cuestiona sus propias capacidades»[18]. A menudo, las personas que pertenecen a este grupo carecen de confianza personal, dudan de sí mismas, vacilan a la hora de tomar decisiones y tienden a recoger constantemente nuevas informaciones para no correr el peligro de equivocarse;

— *la dependencia:* la recuperación de la seguridad personal se produce a través de la fiel observancia de reglas y normas y la obediencia a la autoridad, mientras que las situaciones no estructuradas provocan ansiedad;

— *la sospecha:* el «6» no se fía fácilmente de las personas y tiende a dudar de las intenciones de los demás. Presta atención a los mensajes verbales y no verbales o a los

---

17. ROHR-EBERT, *op. cit.,* p. 164.
18. PALMER, *op. cit.,* p. 238.

significados ocultos, desconfía y critica a quien transgrede las normas y está siempre atento a prevenir eventuales peligros;

— *la intolerancia ante la ambigüedad:* esta personalidad tiene necesidad de claridad, de llamar a las cosas por su nombre, y no soporta la idea de la ambigüedad; por eso puede mostrarse rígido e inflexible frente a aspectos o interpretaciones de la verdad que no coinciden con la suya propia o que le parecen dudosas y ambivalentes;

— *la búsqueda de amistad:* el «6» evita el peligro de ser rechazado promoviendo una imagen positiva de sí a través de la hospitalidad, la afabilidad y la amabilidad, a veces pecando de obsequioso o de exageradamente fiel.

PERSONALIDAD «7»: LA DESTEMPLANZA

El pecado de los «7» es la destemplanza. No se trata sólo de una avidez limitada a los pecados de gula, sino de una inclinación general al exceso y a la inmoderación.

El peligro está en idolatrar el placer; un peligro especialmente presente en la actual sociedad del bienestar, que alimenta la cultura de la gratificación y de la satisfacción inmediata de deseos y apetitos diversos.

El pecado de destemplanza puede expresarse, a nivel cultural, en la necesidad de asistir a cursos, de vivir nuevas experiencias, de hacer viajes; a nivel físico, en la necesidad de satisfacer al cuerpo con los placeres de la cocina y del sexo; a nivel social, en la exigencia de establecer nuevos contactos, conocer a otras personas y vivir nuevas e interesantes aventuras. Si el «4» tiende a fijarse en sus carencias, el «7» considera que nunca ha experimentado lo suficiente.

Rohr da el siguiente consejo a los «7»: «Si piensas que tienes que hablar tanto, con la mitad te basta. Si piensas que debes beber tanto, con la mitad ya es suficiente. Si piensas que necesitas un montón de actividades en el tiempo libre, elimina una de cada dos»[19].

La tendencia a excederse puede manifestarse de las siguientes maneras:

— *el permisivismo:* orientación instintiva a satisfacer las propias necesidades concediéndose la libertad de obrar de acuerdo con el deseo del momento;

— *el narcisismo:* amor desmesurado a uno mismo, que puede traducirse en el exhibicionismo y el protagonismo o en la necesidad de aparecer como superior a los demás intelectual o socialmente;

— *la seducción:* el «7» puede valerse de su encanto social para resultar agradable y ganarse la benevolencia, el apoyo y la admiración de los demás;

— *la falta de perseverancia:* el entusiasmo demostrado ante los estímulos y las novedades se traduce en abandono frente a las dificultades; a menudo, los «7» escurren el bulto cuando hay que sacrificarse, ser tenaces y seguir adelante;

— *la rebelión:* se da en el «7» una actitud de oposición a la autoridad, especialmente cuando ésta puede turbar el proverbial optimismo de esta personalidad o ejercer algún tipo de control sobre su libertad y su imaginación.

PERSONALIDAD «8»: LA ARROGANCIA

El pecado capital del jefe es la arrogancia y/o la lujuria. Ambas tendencias nacen de la pasionalidad del «8», de una exigencia de intensidad rayana en la impulsividad y en el exceso.

---

19. ROHR, *op. cit.,* p. 182. En contraste crítico con la civilización del consumismo occidental y remontándose a la tradición franciscana, Rohr diseña una «espiritulidad de la sustracción», invitando a privarse de lo que interfiere en la propia unión con Cristo. Presenta esta espiritualidad en *«Letting go»: a Spirituality of Subtraction,* 8 cassettes publicadas por St. Anthony Messenger's Press, Ohio.

La lujuria es el deseo vehemente de placeres carnales. La arrogancia es la pretensión de estar en la verdad, de imponérsela a los demás o de afirmarla sin amor.

Aun manteniendo abiertas ambas tendencias, tomaremos en consideración especial la arrogancia como expresión de poder, que puede manifestarse de los siguientes modos:

— *el control:* exigencia de dominar las situaciones, vencer en una competición, imponerse en un enfrentamiento directo, hacer respetar el propio espacio y las propias opiniones;

— *el predominio de la acción:* la identidad de esta personalidad está vinculada a la acción y a los resultados concretos, con el peligro de descuidar o infravalorar la importancia de los sentimientos en las relaciones;

— *el sarcasmo:* a veces, el «8» puede recurrir a actitudes punitivas para hacer valer su superioridad, como el sarcasmo, la ironía, la intimidación y la humillación;

— *la contestación:* frente a las fuerzas que obstaculizan su voluntad y sus convicciones, el «8» puede oponer resistencia rechazando la colaboración, provocando el conflicto, denunciando la injusticia y asumiendo una actitud rebelde;

— *la insensibilidad:* la determinación y la aparente seguridad del «8» puede significar falta de sensibilidad a su propio mundo afectivo, inclinación a enmascarar su vulnerabilidad y falta de respeto para con la dignidad y el valor del otro.

PERSONALIDAD «9»: LA PEREZA

La pereza es el pecado capital del «9», que tiene el peligro de abandonarse a la inactividad y dejar para mañana lo que tendría que hacer hoy, o de dejarse influir por el humor del momento o por las decisiones de los demás. En una palabra, los pecados de los «9» son los de «omisión» y tienen que ver con cosas que no se han hecho, con oportunidades que se han perdido y con cualidades que se han reprimido y se han mantenido ocultas.

En relación con el pecado de indolencia, San Pablo establece la siguiente regla: «Quien no trabaje, que no coma» (2 Tes 3,7-10).

La pereza del «9» puede tener que ver con la iniciativa concreta, que prefiere dejar a otros, o con el ámbito de las relaciones, en el que tiende a no afrontar los problemas y a evitar los conflictos. La pereza del «9» puede asumir las siguientes manifestaciones:

— *la resistencia al cambio:* predilección por las cosas habituales y rutinarias, agresividad pasiva, tendencia a la resignación;

— *el olvido de sí mismo:* dificultades para la introspección y para la conciencia de las propias necesidades, renuncia a los deseos para responder a las expectativas ajenas, tendencia a desacreditarse, necesidad de pasar inadvertido;

— *la compensación:* tendencia a colmar la inercia mediante actividades compensatorias, como la dependencia del alcohol, de la comida, de la televisión, de la lectura o de un «hobby»;

— *la distracción:* inclinación a despilfarrar las energías en los intereses del momento, sin objetivos de fondo hacia los que orientar el propio esfuerzo;

— *identidad a través de pertenencias:* la imagen que el «9» tiene de sí mismo está mediatizada por sus contextos de pertenencia, como la familia, el ambiente de trabajo o el grupo de amistades, que contribuyen a definir las funciones y la identidad. Y, sobre todo, está la búsqueda de fusión con la pareja para compensar la débil identidad personal.

***

b) *Las virtudes: itinerarios de crecimiento espiritual*

Para contrarrestar el influjo de los vicios y el predominio de las tendencias negativas, el ser humano está llamado a practicar las virtudes. Cada virtud tiene su propio espacio y significado en la maduración humana, y cada persona está llamada a desarrollarlas simultáneamente, sin privilegiar una en detrimento de otra, pues el progreso en una esfera repercute positivamente en las demás.

Ahora bien, teniendo presentes los vicios de las nueve personalidades, proponemos ahora otros tantos itinerarios de crecimiento que giran en torno a la idea clave de que un vicio se combate cultivando la virtud contraria, pero conscientes de la necesidad de una visión dinámica y no mecanicista del proceso. Vamos a ofrecer de manera esquemática una serie de orientaciones prácticas que pueden ayudar a cada una de las nueve tipologías a superar los obstáculos derivados de sus propias pasiones para cultivar las respectivas virtudes.

PERSONALIDAD «1»: LA SERENIDAD

El itinerario de crecimiento para los *idealistas* pretende conseguir la serenidad del corazón mediante la práctica de actitudes como las siguientes:

— educarse en la afirmación de lo que hay de bueno y positivo en uno mismo y en los demás, sin atormentarse por lo que sigue siendo incompleto e imperfecto;

— ser conscientes de que hay distintos modos de hacer las cosas, sin absolutizar el propio y sin menospreciar los de los demás;

— transformar la cólera en energía positiva, sin necesidad de juzgarla o de justificarla, sino canalizándola al servicio de la justicia y de la verdad;

— tener paciencia y apreciar los pequeños esfuerzos, sin lamentarse por los errores cometidos o las oportunidades perdidas;

— aprender a reírse de uno mismo, desdramatizando los propios desaciertos y relativizando las angustias;

— valorar la importancia de las cosas objetivamente, sin hacer una montaña de un grano de arena, ni de una pulga un elefante;

— consolarse con la idea de que la salvación del mundo no depende de los propios esfuerzos y confiar en la providencia de Dios;

— convivir creativamente con las propias limitaciones e imperfecciones.

Personalidad «2»: la Humildad

El itinerario de crecimiento del *ayudador* consiste en practicar la humildad, que para Rohr «no es otra cosa que un orgullo sanado y santificado»[20], mientras que para Palmer «la humildad podría ser algo así como verse desnudo delante de un espejo sintiendo gratitud por lo que éste refleja, sin exagerar orgullosamente los propios sentimientos, imaginándolos mayores de lo que son, y sin minusvalorarse negándose a aceptar lo que hay»[21].

La humildad se practica a través de actitudes como las siguientes:

— aceptar las propias limitaciones, necesidades y sentimientos;

— reconocer que las propias motivaciones, a la hora de ayudar a los demás, están a menudo mezcladas con exigencias personales de fondo;

— darse cuenta de que, cuando estalla la cólera o el resentimiento, es porque hay necesidades reprimidas o insatisfechas que piden ser atendidas;

— aprender a «ser» uno mismo, más que esforzarse en «hacer» por los demás;

---

20. Rohr-Ebert, *op. cit.*, p. 90.
21. Palmer, *op. cit.*, p. 114.

— quererse a uno mismo, independientemente de la utilidad práctica que uno pueda suponer para el prójimo;

— dejarse querer por los demás, sin ceder a la necesidad de comprar o ganarse su afecto con el propio esfuerzo;

— alegrarse cuando las personas se hacen independientes y autosuficientes;

— encontrar espacios para estar a solas con uno mismo, como oportunidad para la profundización interior.

PERSONALIDAD «3»: LA VERDAD

El itinerario de crecimiento de los *organizadores* consiste en integrar la virtud de la verdad, que se cultiva mediante la práctica de actitudes como las siguientes:

— ser transparentes y jugar con las cartas boca arriba, sin esconderse detrás de la profesión, el cargo o la imagen;

— ser conscientes de las máscaras y trucos que se emplean para manipular al prójimo o a uno mismo;

— prestar más atención a los sentimientos y las necesidades del corazón, sin proyectarse instintivamente en la acción o en los propios proyectos;

— saber percibir las diferencias entre la acción y el sentimiento, especialmente en las relaciones interpersonales;

— reconocer la discrepancia existente entre la imagen pública que se quiere dar y el mundo privado que se quiere esconder;

— no permitir que la eficacia sea el principal criterio para valorar las situaciones y a las personas;

— afrontar con humildad el misterio de la cruz y el fracaso como senderos hacia la verdad de las cosas, y aprender a decir: «me he equivocado», «discúlpame»...

El itinerario de crecimiento de los *artistas* consiste en saber descubrir el equilibrio y la armonía mediante la práctica de actitudes como las siguientes:

— aceptar serenamente la insatisfacción de los propios deseos;

— aprender a satisfacerse sanando la tensión entre la atracción por lo que no hay y la repulsión por lo que hay;

— vivir el presente, sin dejarse llevar por la nostalgia del pasado ni buscar compensaciones imaginarias soñando con un futuro maravilloso;

— no ceder a la autocomplacencia, sino encauzar las propias energías en acciones constructivas, desarrollando las propias capacidades sociales;

— valorar con serenidad y apertura lo que es único y exclusivo y lo que es normal y ordinario, tanto dentro como fuera de uno mismo;

— transformar las propias heridas en compasión y comprensión para con los sufrimientos de los demás;

— recuperar el equilibrio de la propia vida sentimental;

— amarse y aceptarse, aprendiendo a ser buena compañía para uno mismo.

PERSONALIDAD «5»: EL DESINTERÉS

El itinerario de crecimiento de los *observadores* consiste en cultivar la virtud del desinterés, que se practica mediante actitudes como las siguientes:

— compartir los propios conocimientos, sin temor a empobrecerse;

— no dar por supuesto que la manera de pensar de uno sea superior a la de los demás, sino ser conscientes de que hay diversos tipos de inteligencia;

— dedicar el propio tiempo a los demás, sin temor a malgastarlo;
— tomar la iniciativa de revelar los propios sentimientos para establecer relaciones de intimidad;
— implicarse en la acción y con los demás, a fin de disminuir el propio aislamiento;
— esforzarse por trabajar en equipo, sin limitarse a confiar en los propios recursos;
— dejar que la vida sea maestra, mejor que depender de los propios esquemas mentales de referencia;
— mantenerse en contacto con la propia corporeidad y encauzar las energías hacia la acción.

Personalidad «6»: el Valor

El itinerario de crecimiento de los *colaboradores* está ligado al desarrollo de la virtud del valor, que puede cultivarse mediante la práctica de actitudes como las siguientes:

— consolidar la propia autoridad interior;
— aprender a correr riesgos y a tomar decisiones para ganar confianza en uno mismo;
— creer más en los valores de fondo que en las normas o en las instituciones;
— privilegiar la acción, en lugar de obsesionarse con elucubraciones mentales teñidas de miedos y peligros, a menudo imaginarios;
— responsabilizarse de las propias opciones y acciones, sin esconderse detrás de la autoridad;
— expresar con claridad las propias ideas, sin dejarse llevar por el miedo o por la duda frente a las posibles reacciones o críticas;
— promover la propia autonomía e independencia, tomando decisiones en sintonía con los propios valores, aunque puedan contrastar con el parecer de los demás;
— ser audaces: no tener miedo a tener valor.

PERSONALIDAD «7»: LA SOBRIEDAD

El itinerario de crecimiento de los *optimistas* consiste en interiorizar la virtud de la sobriedad, que se cultiva mediante la práctica de actitudes como las siguientes:

— valorar cada momento, con todo lo que de bueno y creativo puede ofrecer;

— llevar adelante los compromisos adquiridos, sin buscar evasiones, distracciones o cambios,

— escuchar al que sufre, sin necesidad de pintar las cosas de color de rosa;

— saber discernir prudentemente las prioridades, sin dejarse llevar por el impulso del momento;

— no imponer el propio ritmo ni el propio humor a los demás, sino saber adaptarse a las circunstancias y a las personas;

— amar y celebrar la vida y su aspecto gozoso, pero no a expensas del lado oscuro de la existencia;

— aceptar la enfermedad y las cruces cotidianas como aportación a la propia maduración humana y espiritual;

— experimentar el silencio y la reflexión como ocasiones para acceder a lo profundo de las cosas y no quedarse en la superficie.

PERSONALIDAD «8»: LA SENCILLEZ

El itinerario de crecimiento de los *jefes* consiste en interiorizar la virtud de la sencillez, que se cultiva mediante la práctica de actitudes como las siguientes:

— dejar que el niño que todos llevamos dentro se manifieste y pueda expresarse;

— aprender a ser queridos y no temidos por los demás;

— hacerse más capaces de expresar el aspecto tierno y vulnerable de la propia naturaleza;

— ser más atentos y sensibles a los sentimientos propios y ajenos, sin tratar de negarlos o de esconderlos;
— convencerse de que nadie es autosuficiente y de que una sana dependencia de los demás es señal de humanidad y madurez;
— reconocer que cada cual tiene su parte de verdad que ofrecer, y no pretender imponer la propia;
— aprender a adaptarse a las personas y a las situaciones, sin pretender ejercer el control sobre las cosas;
— ser pacientes con el prójimo, reprimiendo el impulso a formular juicios apresurados y sumarios sobre las personas.

PERSONALIDAD «9»: LA DILIGENCIA

El itinerario de crecimiento para los *mediadores* está vinculado a la capacidad de desarrollo de la virtud de la diligencia, que se cultiva mediante la práctica de actitudes como las siguientes:
— asumir la responsabilidad por los dones recibidos, implicándose en la vida y con los demás;
— encender el fuego interior de la motivación y apretar algo más el acelerador;
— afirmar el propio valor y dignidad, conscientes de que no es posible amar al prójimo sin amarse a uno mismo;
— desarrollar la pasión por la vida sacando a la luz las propias energías y capacidades;
— encauzar la agresividad y los sentimientos;
— expresar las opiniones propias y afrontar de manera constructiva los conflictos y las diferencias, evitando hacer creer a toda costa que todo es paz y armonía;
— establecer límites y plazos en la realización de los proyectos, sin perderse en infinitas distracciones o cosas no esenciales;
— aprender a centrar la atención tomando la iniciativa, estableciendo prioridades y tomando decisiones.

***

El esfuerzo constante en el ejercicio de las nueve virtudes, especialmente la más específica de la propia tipología, se convierte en un esfuerzo cotidiano por controlar las propias pasiones y realizar las propias capacidades humanas y espirituales.

CUADRO SINTÉTICO

Personalidad	Motivación inconsciente	Mecanismo de defensa	Trampa	Imagen de sí	Comunicación	Vicio	Virtud
1. Idealista	Cólera	Idealización	Perfección	Soy preciso	Juzga	Cólera	Serenidad
2. Ayudador	Necesidad	Represión	Servicio	Soy útil	Aconseja	Orgullo	Humildad
3. Organizador	Fracaso	Identificación	Eficacia	Soy competente	Promueve	Engaño	Verdad
4. Artista	Mediocridad	Dramatización	Autenticidad	Soy único	Lamenta	Envidia	Armonía
5. Observador	Vaciedad	Aislamiento	Conocimiento	Soy inteligente	Explica	Avaricia	Desinterés
6. Colaborador	Transgresión	Proyección	Seguridad	Soy responsable	Duda	Miedo	Valor
7. Optimista	Dolor	Racionalización	Proyección	Soy simpático	Divierte	Destemplanza	Sobriedad
8. Jefe	Debilidad	Negación	Justicia	Soy fuerte	Confronta	Arrogancia	Sencillez
9. Mediador	Conflicto	Inhibición	Tranquilidad	Soy bueno	Equilibra	Pereza	Diligencia

3
Teorías integradoras

Los contenidos de fondo del enneagrama (las cualidades y las zonas de sombra de las nueve tipologías, las dinámicas inconscientes, los mecanismos de defensa, los estilos comunicativos, etc.) se enriquecen ahora con la aportación de algunas teorías que ayudan a comprender mejor las dinámicas específicas de las diversas personalidades y a descubrir itinerarios de crecimiento que contribuyen a la maduración global de la persona.

El enneagrama propone un *proyecto de madurez* del ser humano, y las siguientes teorías proponen los caminos a recorrer para realizarlo.

3.1. Teoría del ala

La génesis de esta teoría se remonta a Óscar Ichazo, y su fijación terminológica a Claudio Naranjo[1].

«En el enneagrama, como en la vida, no existen los tipos "puros". Cada persona es una combinación única de

---

1. La teoría del ala es la más controvertida. RISO considera que sólo hay un ala y atribuye su génesis a la relación positiva o negativa con una de las figuras paternas (*op. cit.,* p. 37). ROHR considera que en la primera mitad de la vida se desarrolla la relación con un ala, y en la segunda mitad de la vida se establece una nueva relación con la otra ala (*Scoprire l'enneagramma,* p. 255). O'LEARY considera limitada esta teoría, especialmente en lo que atañe a las tres personalidades que ocupan el centro de los tres «centros de energía» respectivos (3-6-9), que, si aprovecharan la energía de sus vecinos, deberían expresar al máximo sus respectivas potencialidades (los «3» vibrando de sentimientos, los «6» siendo lógicos al máximo, los «9» mostrándose muy decididos), mientras que en realidad resulta que son los puntos más débiles de los respectivs centros de pertenencia.

su tipo fundamental y de uno de los dos tipos contiguos a él, que recibe el nombre de *"ala"*»[2].

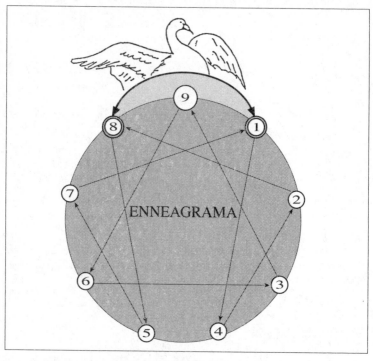

Según esta teoría, cada persona desarrolla atributos y características de una de las dos personalidades contiguas a la suya (o de ambas), siguiendo un movimiento circular, no lineal. De lo que se trata es de integrar y equilibrar la propia personalidad mediante la energía positiva de sus vecinas.

Los «1», por ejemplo, según que tengan un *ala* predominante sobre el «2» o sobre el «9», presentan características diversas. El «1» con un *ala* más desarrollada hacia el «2» es más disponible, más atento a las relaciones, más amistoso. El «1» con un *ala* más desarrollada hacia el «9» tiende a ser más relajado, distanciado y objetivo y menos

---

2. Riso, *op. cit.,* p. 36.

crítico. El *ala* sirve para equilibrar la tendencia de fondo de la personalidad, que llevaría al «1» a ser hipercrítico, excesivamente idealista, intensamente dedicado al trabajo. El esquema siguiente propone una serie de adjetivos, dos positivos y dos negativos, que iluminan posibles tendencias de la personalidad cuando predomina un *ala.*

Con ALA *del* «9»	**«1»**	*con* ALA *del* «2»
relajado		altruista
objetivo		generoso
distanciado		posesivo
no focalizado		crítico

Con ALA *del* «1»	**«2»**	*con* ALA *del* «3»
idealista		seguro de sí
objetivo		ambicioso
crítico		manipulador
ansioso		competitivo

Con ALA *del* «2»	**«3»**	*con* ALA *del* «4»
sociable		sensible
altruista		artístico
seductor		presuntuoso
acomodaticio		soñador

Con ALA *del* «3»	**«4»**	*con* ALA *del* «5»
extrovertido		introvertido
ambicioso		perceptivo
narcisista		racional
competitivo		deprimido

Con ALA *del* «4»	**«5»**	*con* ALA *del* «6»
creativo		fiel
empático		responsable
ensimismado		temeroso
obstinado		desconfiado

Con ALA *del* «5»	**«6»**	*con* ALA *del* «7»
competente		extrovertido
lógico		alegre
distanciado		impulsivo
crítico		hedonista

Con ALA *del* «6»	«7»	*con* ALA *del* «8»
fiel		exuberante
responsable		confiado
ansioso		agresivo
defensivo		competitivo

Con ALA *del* «7»	«8»	*con* ALA *del* «9»
extrovertido		gentil
energético		receptivo
impulsivo		obstinado
intemperante		frío

Con ALA *del* «8»	«9»	*con* ALA *del* «1»
asertivo		ordenado
abierto		íntegro
antiautoritario		controlado
vindicativo		rígido

Síntesis

La teoría del *ala,* aunque con algunas limitaciones ya seña-
ladas por O'Leary, ofrece una útil ayuda para comprender-
se mejor uno a sí mismo y señala un sendero constructivo
de crecimiento e integración de la propia personalidad. El
predominio de una de las dos *alas,* con sus características
específicas, incide en el modo de ser y de relacionarse de
la personalidad. Un uso adecuado de esta teoría puede ayudar a descubrir mejor la propia tipología.

3.2. Teoría de las flechas[3]

Esta teoría, probablemente la más conocida del enneagrama, ofrece una especie de mapa orientativo para superar la compulsión de la propia personalidad. Para cada tipología se presentan posibilidades de crecimiento a través de itinerarios de integración y de desintegración[4].

El *proceso de integración* tiene lugar cuando, en condiciones de calma y serenidad, pero de manera consciente y decidida, se neutraliza el estímulo de la fuerza compulsiva moviéndose en dirección opuesta a la flecha.

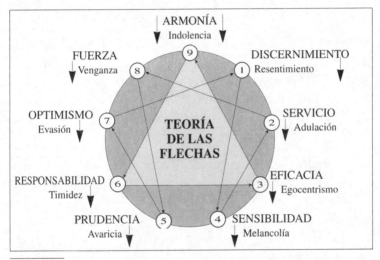

3. El modelo de las flechas aplicado a la personalidad se debe a Ichazo. Según Riso, el itinerario más breve —representado por el triángulo 3,6,9— representa las personalidades «primarias», mientras que el itinerario más largo —configurado por el hexágono 1,4,2,8,5,7— define las personalidades «secundarias». Los tipos primarios no tienen ventajas específicas por tener que recorrer un itinerario más breve. La agenda psicológica de ambas tipologías es la misma: desarrollar las propias potencialidades de manera equilibrada. Pero hay una diferencia importante, en el sentido de que los «tipos primarios» tienen mayores dificultades para la integración, porque están más severamente bloqueados en el problema de su tríada; sin embargo, una vez superada la compulsión, su desarrollo es rápido y cambian profundamente a mejor. Los «secundarios» tienen un itinerario variado y más largo, y su desarrollo es más gradual (cf. RISO, *Personality types*, p. 308).

4. La orientación de las flechas no es casual, sino que se basa en cálculos sistemáticos vinculados a la «ley del 3» y a la «ley del 7».

El *proceso de desintegración* se realiza cuando, en situaciones de estrés, se agudiza la tendencia compulsiva de la personalidad en la misma dirección de la flecha.

En la práctica, conjugando los conceptos escritos en *mayúscula* se refuerzan las posibilidades de integración; conjugando los conceptos escritos en *minúscula,* por el contrario, el resultado es la desintegración.

Veamos cada una de las personalidades perfilando los contenidos de los dos itinerarios y calificando su significado positivo y negativo.

PERSONALIDAD «1»

* *Proceso de integración:* cuando los «1» se mueven *hacia los «7»* y:

+ se hacen menos críticos y más optimistas;
+ ejercen menos control sobre sus reacciones y sentimientos;
+ valoran lo que está bien, sin centrar la atención en lo que no va tan bien;
+ programan el tiempo de la actividad y del ocio;
+ se hacen más flexibles y aprenden a relativizar;
+ ven las cosas con una perspectiva más amplia.

Puede darse también una dimensión negativa de este itinerario cuando los «1» se mueven *hacia el lado oscuro de los «7»* y:

- abusan de sustancias estimulantes;
- experimentan en secreto sus deseos reprimidos.

* *Proceso de desintegración:* cuando los «1» se mueven *hacia los «4»* y:

- se sienten culpables por no ser perfectos y se autocondenan;
- perciben el desdén y la indignación por las expectativas incumplidas;
- experimentan desánimo y autoconmiseración;
- interiorizan la rabia y se sienten deprimidos;

- pierden confianza en sí mismos;
- asumen actitudes dramáticas: «nadie me quiere»; «nadie me comprende»...

Puede darse también una dimensión constructiva de este itinerario cuando los «1» se mueven *hacia el lado positivo de los «4»* y:

+ establecen contacto con sus sentimientos más profundos;
+ se implican en actividades creativas y artísticas.

***

PERSONALIDAD «2»

* *Proceso de integración:* cuando los «2» se mueven *hacia los «4»* y:

+ se toman tiempo para sí y exploran su mundo interior;
+ están dispuestos a examinar sus motivaciones y sentimientos;
+ descubren la importancia de sintonizar la acción con la autenticidad del propio ser;
+ valoran la soledad como camino de maduración personal;
+ establecen relaciones más honradas y aprenden a decir «no»;
+ encuentran otras formas de conseguir la autoestima sin depender sólo de la necesidad de ayudar.

Puede darse también una dimensión negativa de este itinerario cuando los «2» se mueven *hacia el lado obscuro de los «4»* y:

- se comparan con los demás, volviéndose envidiosos;
- se aíslan y se deprimen.

* *Proceso de desintegración:* cuando los «2» se mueven *hacia los «8»* y:
- dejan aparte su proverbial amabilidad y se hacen vengativos;
- pueden volverse verbal o físicamente violentos;
- culpabilizan y critican a quien se ha mostrado ingrato con ellos;
- tratan de controlarlo todo y a todos;
- odian con la misma intensidad con la que aman;
- pueden cortar definitivamente los lazos con quienes les han traicionado.

Puede darse también una dimensión constructiva de este itinerario cuando los «2» se inclinan *hacia el lado positivo de los «8»* y:
+ se hacen confiados, honrados y directos;
+ se preocupan menos de la opinión ajena sobre ellos.

***

PERSONALIDAD «3»

* *Proceso de integración:* cuando los «3» se mueven *hacia los «6»* y:
+ se hacen más colaboradores y menos competitivos;
+ se desprenden de sus máscaras y de su falsa imagen;
+ ponen sus cualidades al servicio de los demás y de la comunidad;
+ emplean más tiempo en fomentar las relaciones con la familia y los amigos;
+ están más en contacto con sus propios sentimientos y su vulnerabilidad;
+ se esfuerzan en promover las potencialidades del prójimo.

Puede darse una dimensión negativa de este itinerario cuando los «3» se mueven *hacia el lado obscuro de los «6»* y:
- se vuelven ansiosos y timoratos a la hora de tomar decisiones;
- temen el rechazo.

* *Proceso de desintegración:* cuando los «3» se mueven *hacia los «9»* y:

- pierden contacto con sus propios sentimientos y su energía interior;
- evitan mirarse por dentro;
- se sienten vacíos y desalentados;
- se desaniman, volviéndose apáticos e inactivos;
- se muestran indecisos y empiezan a diferir las cosas; pierden el tiempo en cosas frívolas.

Puede darse también una dimensión constructiva de este itinerario cuando los «3» se mueven *hacia el lado positivo de los «9»* y:

+ aflojan el ritmo y se toman tiempo para descansar;
+ se hacen más receptivos.

***

PERSONALIDAD «4»

* *Proceso de integración:* cuando los «4» se mueven *hacia los «1»* y:

+ pasan del ensimismamiento a la acción, de sentir a actuar;
+ se sienten menos controlados por los sentimientos y son más sensibles a los valores y a los principios;
+ se vuelven más objetivos y disciplinados;
+ no necesitan tanto sentirse únicos y diferentes;
+ se implican en la mejora de la sociedad, superando percepciones subjetivas;
+ se centran más en el presente y en las cosas prácticas.

Puede darse una dimensión negativa de este itinerario cuando los «4» se mueven *hacia el lado obscuro de los «1»* y:

- se vuelven críticos y agrios;
- asumen actitudes moralistas y culpabilizadoras.

* *Proceso de desintegración:* cuando los «4» se mueven *hacia los «2»* y:

- buscan seguridad a través de alguien que les ame;
- pueden odiar a la persona de la que se hacen dependientes;
- reprimen sus necesidades y se deprimen;
- culpabilizan a quienes no les aman;
- se ponen enfermos para atraerse la atención y el afecto de los demás;
- buscan relaciones afectivas para llenar el vacío, el aburrimiento y la soledad.

Puede darse también una dimensión constructiva de este itinerario cuando los «4» se mueven *hacia el lado positivo de los «2»* y:

+ se preocupan menos de sí mismos;
+ aprenden a sacrificarse por los demás.

***

PERSONALIDAD «5»

* *Proceso de integración:* cuando los «5» se mueven *hacia los «8»* y:

+ convierten su conocimiento en acción;
+ tienen el valor de actuar aunque no lo sepan todo;
+ están más en contacto con su cuerpo y sus energías;
+ confían más en sus instintos;
+ renuncian a su aislamiento para implicarse en el mundo;
+ se vuelven más motivados y asertivos en la promoción de causas importantes.

Puede darse una dimensión negativa de este itinerario cuando los «5» se mueven *hacia el lado obscuro de los «8»* y:

- obran irracionalmente;
- se vuelven punitivos.

* *Proceso de desintegración:* cuando los «5» se mueven *hacia los «7»* y:

- se retiran al mundo de sus fantasías y a su castillo mental:
- eliminan o eluden las realidades dolorosas;
- elaboran proyectos impulsivamente;
- se vuelven desordenados y dispersos;
- pasan del aislamiento a la actividad histérica;
- asumen actitudes temerarias e imprudentes.

Puede darse también una dimensión constructiva de este itinerario cuando los «5» se mueven *hacia el lado positivo de los «7»* y:

+ se interesan más por el mundo exterior;
+ se preocupan menos de sí mismos.

* * *

PERSONALIDAD «6»

* *Proceso de integración:* cuando los «6» se mueven *hacia los «9»* y:

+ se hacen más autónomos e independientes;
+ miran las cosas con mayor objetividad y serenidad;
+ desarrollan más confianza en sí mismos y en su autoridad interior;
+ descubren la calma como la mejor medicina para afrontar el miedo;
+ se toman tiempo para estar consigo mismos y conocerse mejor;
+ combinan armonía y sentido de responsabilidad.

Puede darse una dimensión negativa de este itinerario cuando los «6» se mueven *hacia el lado obscuro de los «9»* y:

- se vuelven apáticos y desorientados;
- se drogan (alcohol, televisión, comida...).

* *Proceso de desintegración:* cuando los «6» se mueven *hacia los «3»* y:

- se muestran agresivos con quienes no les aprecian;
- atacan para superar sentimientos de inferioridad;
- pueden engañar y ser capaces de traicionar;
- se ponen frenéticos cuando surgen cosas imprevistas;
- afrontan la ansiedad implicándose en muchos proyectos;
- se dejan condicionar excesivamente por la imagen.

Puede darse también una dimensión constructiva de este itinerario cuando los «6» se mueven *hacia el lado positivo de los «3»* y:

+ adquieren confianza en sí mismos;
+ actúan con eficacia y competencia.

***

PERSONALIDAD «7»

* *Proceso de integración:* cuando los «7» se mueven *hacia los «5»* y:

+ se hacen más introspectivos y objetivos;
+ dedican tiempo a la reflexión y al silencio;
+ aprenden a identificar e integrar el miedo y otras emociones consideradas negativas;
+ saben equilibrar la vida interior con los intereses externos;
+ valoran el sufrimiento como una dimensión necesaria y formativa de la vida;
+ se preocupan menos por la cantidad de experiencias que deben hacer y más por su calidad.

Puede darse también una dimensión negativa de este itinerario cuando los «7» se mueven *hacia el lado obscuro de los «5»* y:

- imponen sus propias ideas a los demás;
- se aíslan cuando se le hiere.

* Proceso de desintegración: cuando los «7» se mueven *hacia los «1»* y:

- se vuelven críticos consigo mismos y con los demás, expresando su mal humor;
- acusan a los demás de interferir u obstaculizar su felicidad;
- se vuelven irritables y hostiles con quienes banalizan sus ideas o sus proyectos;
- se irritan cuando tienen que hacer frente al dolor y a las cosas desagradables;
- se consideran en posesión de la verdad y se muestran intolerantes con los demás;
- se vuelven caprichosos y pierden la alegría.

Puede darse también una dimensión constructiva de este itinerario cuando los «7» se mueven *hacia el lado positivo de los «1»* y:

- + aprenden a discernir mejor las cosas;
- + se hacen productivos y llevan hasta el final los proyectos.

***

PERSONALIDAD «8»

* Proceso de integración: cuando los «8» se mueven *hacia los «2»* y:

- + ponen su fuerza al servicio del amor;
- + se preocupan de comprender a los demás y no de dominarlos;
- + se sienten más libres para manifestar la dulzura y la vulnerabilidad;
- + son más humanos, empáticos y cercanos;
- + se esfuerzan en ayudar a los más débiles y saben sacrificarse por quienes tienen necesidad de ellos;
- + descubren el sabor del poder en el servicio.

Puede darse una dimensión negativa de este itinerario cuando los «8» se mueven *hacia el lado obscuro de los «2»* y:
- manifiestan exigencias irrealistas respecto de los demás;
- se vuelven posesivos.

* *Proceso de desintegración:* cuando los «8» se mueven *hacia los «5»* y:
- se vengan de quien no les respeta, aislándose;
- transforman la percepción de un rechazo o de una derrota en depresión o autocompasión;
- renuncian a actuar y se refugian en sus ideas;
- utilizan la información y el conocimiento como forma de poder;
- se vuelven paranoicos y consideran que están rodeados de enemigos;
- dirigen la agresividad contra sí mismos, culpabilizándose.

Puede darse también una dimensión constructiva de este itinerario cuando los «8» se mueven *hacia el lado positivo de los «5»* y:
+ miran las cosas con más objetividad;
+ reflexionan antes de actuar.

***

PERSONALIDAD «9»

* *Proceso de integración:* cuando los «9» se mueven *hacia los «3»* y:
+ toman más la iniciativa;
+ se vuelven más energéticos y asertivos;
+ son capaces de centrar mejor su atención;
+ crecen en la autoestima personal y en el control de sus opciones personales;
+ canalizan sus energías hacia objetivos definidos;
+ sacan a la luz sus talentos y capacidades.

Puede darse una dimensión negativa de este itinerario cuando los «9» se mueven *hacia el lado obscuro de los «3»* y:

- se esfuerzan por suscitar la admiración;
- emprenden más proyectos de los que son capaces de llevar adelante.

* *Proceso de desintegración:* cuando los «9» se mueven *hacia los «6»* y:

- se vuelven dubitativos e indecisos;
- buscan seguridad en las normas y en la autoridad;
- dependen de los demás en sus decisiones;
- se dejan llevar por el ansia y el pánico;
- pierden la calma y se preocupan por nimiedades;
- desarrollan un exagerado sentido de la responsabilidad.

Puede darse también una dimensión constructiva de este itinerario cuando los «9» se mueven *hacia el lado positivo de los «6»* y:

+ se vuelven más prácticos y realistas;
+ fomentan el sentido de pertenencia.

***

Síntesis

La teoría de las flechas ofrece un mapa de orientaciones prácticas para el crecimiento humano y espiritual de las nueve personalidades.

Partiendo de la compulsión de cada personalidad, esta teoría ilustra itinerarios de crecimiento y de maduración interior que son el resultado de esfuerzos orientados a liberarse de la compulsión en orden a su liberación, lo cual garantiza el verdadero consuelo.

Considera también los itinerarios regresivos y destructivos, que generalmente se siguen en circunstancias de estrés y que conducen a un falso consuelo[5].

3.3. Teoría triádico-hexagonal

Esta teoría se basa en el principio de los tres centros de inteligencia, que no se utilizan de manera apropiada porque las personas privilegian un centro sobre otro, lo cual provoca una percepción desequilibrada del mundo. La teoría triádico-hexagonal[6] parte de esta premisa para ilustrar dos distintos modelos de funcionamiento, a la luz del papel específico que desempeñan los tres centros dentro de cada personalidad.

— El *centro dominante* es el centro de inteligencia/energía más desarrollado de la personalidad.

— El *centro auxiliar* es el centro adyacente al propio.

— El *centro menos integrado* (o reprimido) es el centro opuesto o más alejado del propio (por ejemplo, el «4» reside en el interior del corazón; su centro más cercano es el de la cabeza, que se convierte en centro auxiliar; y el más distante es el centro de las vísceras, que constituye el centro menos integrado).

---

5. Rohr, al igual que O'Leary-Beesing, usa el concepto de «verdadero» o «falso consuelo» aplicándolo a los recorridos constructivos o destructivos de las nueve tipologías, y lo relaciona con Ignacio de Loyola, que consideraba la falsa consolación como confusión, rebeldía, oscuridad espiritual, desesperación, inquietud y egoísmo, y la verdadera consolación como fuego espiritual, gratitud, paz y fortaleza (cf. ROHR, *Scoprire l'enneagramma*, p. 258; BEESING-NOGOSEK-O'LEARY, *L'enneagramma*, pp. 171ss).

6. Esta teoría parece deberse a O'Leary y Beesing y se basa en un desarrollo de la llamada «ley universal del 3» (tipología triádica) y de la «ley universal del 7» (tipología hexagonal).

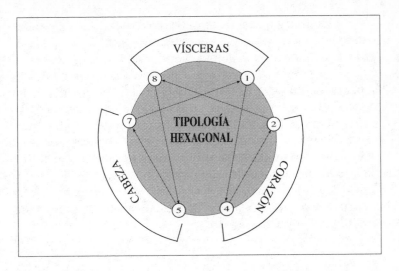

En el modelo de la *tipología hexagonal,* las personalidades funcionan según el siguiente esquema:

Tipología	Centro dominante	Centro auxiliar	Centro menos integrado
Ayudador («2»)	corazón	vísceras	cabeza
Artista («4»)	corazón	cabeza	vísceras
Observador («5»)	cabeza	corazón	vísceras
Optimista («7»)	cabeza	vísceras	corazón
Jefe («8»)	vísceras	cabeza	corazón
Idealista («1»)	vísceras	corazón	cabeza

Teniendo presente cuanto ya hemos dicho sobre los tres centros operativos de la personalidad (cf. 2.2.), el desafío consiste en saber valorar la aportación de los demás centros, sobre todo del menos integrado, sin arriesgarse a quedar condicionados por el propio centro dominante.

Pongamos algunos ejemplos concretos: el «2», que tiende a dejarse llevar constantemente por la necesidad de acudir en ayuda de los demás (centro del corazón), es invitado a valorar más objetivamente las cosas (centro de la cabeza); el «5», sumido continuamente en sus razonamientos (centro de la cabeza), es llamado a arremangarse y poner manos a la obra (centro de las vísceras); el «8», que actúa con excesiva decisión (centro de las vísceras), es animado a ser más diplomático y a tener presente la sensibilidad de los demás (centro del corazón).

En el modelo *triádico,* el proceso es más complejo y se articula del siguiente modo:

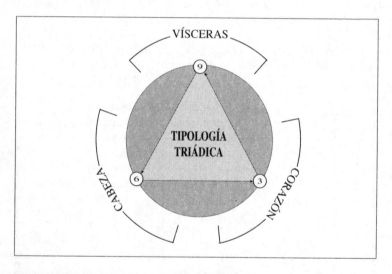

Tipología	Centro dominante y menos integrado	Centro auxiliar
Organizador («3»)	corazón	cabeza o vísceras
Colaborador («6»)	cabeza	corazón o vísceras
Madiador («9»)	vísceras	cabeza o corazón

La tríada 3/6/9 representa los *tres puntos de equilibrio* del enneagrama; la dinámica clave consiste en el hecho de que para cada una de estas personalidades el centro dominante resulta ser también el *centro reprimido,* mientras que el centro auxiliar puede serlo cualquiera de los otros dos centros.

En la práctica, los «3», que priman el centro emotivo —aunque lo repriman—, utilizan sus capacidades relacionales (centro del corazón) como estrategia manipuladora para conseguir sus objetivos y realizar sus proyectos. Los «3» son capaces de utilizar perfectamente su centro intelectivo para estudiar y programar estrategias eficaces, y su centro visceral para actuar y llevar a término sus iniciativas; pero tienden a no detenerse en los sentimientos (centro del corazón) o a desatenderlos. Hurley y Dobson[7] han hecho una aportación original a la dinámica del modelo triádico proponiendo dos subpersonalidades para cada tipología, según el centro auxiliar utilizado preferentemente por el individuo.

En consecuencia, los «3» presentan dos variantes con características diferentes, según que se sientan inclinados a privilegiar el centro intelectivo o el visceral:

— *el «3» intelectivo* es más idealista y tranquilo, más introvertido y menos confiado que el «3» visceral;

— *el «3» visceral* es más decidido, más dinámico y extrovertido, más implicado en la vida social y profesional y más hábil en la comunicación que el «3» intelectivo.

En cuanto a los «6», que priman el centro intelectivo —aunque lo repriman—, tienen muchas opiniones, pero no las califican como propias, por temor a poner en peligro su seguridad. Al mismo tiempo, su mente tiende a imaginar posibilidades negativas que les provocan ansiedad y temor. Los «6» son capaces de utilizar perfectamente el centro visceral, llevando a término sus actividades, y el centro emotivo, cultivando sus propias amistades y pertenencias.

---

7.   HURLEY-DOBSON, *What's my type?*, pp. 107-116.

Según que se inclinen más a anteponer el centro visceral o el emotivo, presentan dos variantes con características distintas:

— el «6» *visceral* es más decidido, directo y extrovertido que el «6» emotivo; es indulgente con sus propias exigencias materiales y un tanto arrogante e intolerante para con quienes profesan ideas u opiniones distintas de las suyas;

— el «6» *emotivo*, a la hora de expresar sus opiniones en público, es más tranquilo y reservado que el «6» visceral; además, es más sensible a los sentimientos, cultiva pocas amistades, aunque profundas, y tiende más bien a sacrificarse por las personas a las que ama.

Los «9», que priman el centro visceral —aunque lo repriman—, poseen la energía y la tenacidad de su propio centro, pero lo emplean moderadamente y, a menudo, más para evitar que suceda algo que para crear algo nuevo. En cambio, son capaces de utilizar perfectamente el centro emotivo para cultivar amistades y relaciones, y el centro intelectivo para valorar y resolver adecuadamente los problemas externos, incluso con soluciones geniales. Según que se sientan inclinados a anteponer el centro emotivo o el intelectivo, presentan dos variantes con características diferentes:

— el «9» *emotivo* es más extrovertido, amistoso y sociable que el «9» intelectivo. Está atento a la imagen que transmite y se las ingenia para ser querido por los demás y para ser respetado en su ámbito profesional. Le gusta especialmente leer libros sobre psicología y desarrollo personal;

— el «9» *intelectivo* es más introvertido que el «9» relacional y prefiere las ocupaciones técnicas. Siente disgusto cuando tiene que expresar sus sentimientos y necesidades, tiende a descuidar un tanto su imagen y a veces se olvida de sus responsabilidades. Sus lecturas preferidas son las revistas relacionadas con el ámbito de sus intereses.

La teoría triádico-hexagonal tiene su lógica: destaca la función del centro dominante, que tiene el peligro de ser usado de manera excesiva, así como la función de apoyo del centro auxiliar; pero la condición para vivir una vida sana y equilibrada depende sobre todo de la capacidad de integrar el centro reprimido desarrollando su potencialidad y sus energías[8].

El centro reprimido es la sombra silenciosa que controla la personalidad; y si no es integrado, provoca alteraciones en la vida, como un niño que, al sentirse olvidado, se muestra caprichoso y reacciona para que se fijen en él.

Lo prudente, por tanto, es valorar cada uno de los centros según la finalidad que le es propia, a la luz de las situaciones que el individuo tiene que vivir y afrontar, teniendo presente sobre todo el centro reprimido, que es nuestra sombra y que desea ser aceptado, sanado y llamado a la vida[9].

3.4. Teoría complementaria

La teoría complementaria califica las personalidades según tres núcleos de pertenencia específica, en correspondencia con algunas categorías propuestas por Horney[10]. En este

---

8. *Ibid.,* p. 127.
9. *Ibid.,* p.140.
10. Esta teoría se debe a la psicoanalista Karen HORNEY (1885-1952), que propuso tres tipologías de personas: el tipo *agresivo,* que se mueve *contra la gente;* el tipo *dependiente,* que se mueve *hacia la gente;* y el tipo *apartado,* que se mueve *lejos de la gente.* Quien desee profundizar en estos tres estilos de personalidad puede consultar su obra *Our inner conflicts.* Horney no estableció relaciones con el enneagrama, y no se sabe quién fue el primero en aplicar a éste sus ideas. En un orden cronológico, han ido estableciendo paralelismos con el enneagrama autores como O'LEARY-BEESING (*L'enneagramma: un itinerario alla scoperta di se,* pp. 90-97), RISO (*Personality Types,* pp. 321-325), HURLEY-DOBSON (*What's my type?,* pp. 130-137 y 143-167).

modelo se perfilan tres actitudes prevalentes que adoptan las personas al afrontar la vida, el mundo, a los demás y las crisis:

— La actitud AGRESIVA, *tendencialmente* asumida por las personalidades «3», «7» y «8»;

— La actitud DEPENDIENTE, *tendencialmente* asumida por las personalidades «1», «2» y «6»;

— La actitud APARTADA, *tendencialmente* asumida por las personalidades «4», «5» y «9».

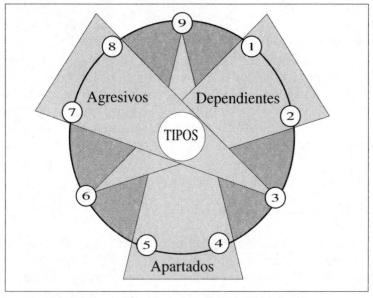

En la práctica, las tres tríadas asumen actitudes que brotan del propio centro reprimido o menos integrado.

— Los *agresivos* («3» «7» y «8») han reprimido el centro emotivo.

— Los *dependientes* («1», «2» y «6») han reprimido el centro intelectivo.

— Los *apartados* («4», «5» y «9») han reprimido el centro instintivo.

***

Los tipos *agresivos* emplean la metodología de *moverse contra los demás* como estrategia para realizarse y para defender y tutelar su propio yo y sus valores. En la práctica, para ellos la mejor defensa es el ataque.

Cada uno se siente impulsado por motivos diversos para conseguir sus fines:

— Los «8» se realizan a través del poder y del control y se sienten bien cuando se encuentran fuertes y capaces de controlar las cosas.

— Los «3» se realizan a través del éxito y se sienten bien cuando dan una buena imagen de sí mismos.

— Los «7» se realizan a través de sus proyectos y se sienten bien cuando son felices.

En conjunto, esta tríada presenta las siguientes características:

— son individuos activos, llenos de energía y proyectados hacia el futuro;

— son optimistas y confían en sí mismos;

— tienen el objetivo de cambiar/plasmar el mundo a través de su propia aportación y sus intervenciones;

— tienden a perdonar las ofensas;

— infravaloran o descuidan los sentimientos y la intimidad interpersonal (represión del centro emotivo).

Interpretación psicodinámica[11]

¿Por qué los *agresivos* («3», «7» y «8») reprimen el centro emotivo o relacional? ¿Por qué sacrifican los sentimientos, la vida interior y las relaciones para privilegiar la actividad, la necesidad de cambiar el mundo y de conseguir resultados? Probablemente, en los primeros años de su vida estas personas han vivido vivieron experiencias que las han *herido en el amor* (separaciones o ausencias de personas signi-

---

11. El autor sigue en esta sección introspectiva a Hurley-Dobson, *My best self,* pp. 152-164.

ficativas), y esta «herida» les ha hecho sentirse vulnerables en el plano de los sentimientos y de la intimidad; por eso evitan quedarse en este plano y prefieren canalizar sus energías hacia el éxito («3»), el placer («7») o el poder («8»).

***

Los tipos *dependientes* emplean la metodología de *moverse hacia los demás* como estrategia para realizarse y para defender y tutelar su propio yo y sus valores. En la práctica, su mejor defensa es el encuentro. Cada uno se siente impulsado por motivos diversos a establecer relaciones de dependencia:

— Los «1» se sienten seguros y aceptados en la medida en que hacen bien las cosas y mejoran constantemente; su valor personal depende de su laboriosidad y esfuerzo.

— Los «2» se sienten seguros y aceptados en la medida en que están disponibles y ayudan a los demás; su valor depende de la aprobación ajena.

— Los «6» se sienten seguros y aceptados en la medida en que saben conformarse a las normas y expectativas del grupo; su valor depende de su fidelidad y responsabilidad hacia los demás.

En conjunto, esta tríada presenta las siguientes características:

— son individuos sociables, acomodaticios y centrados en el presente;

— son inseguros, se infravaloran y dependen de los demás para su afirmación y aceptación;

— necesitan saber las intenciones de los demás para regularse a sí mismos;

— tienen una cierta dificultad para perdonar cuando han sido heridos;

— les falta objetividad y capacidad de percibir la realidad con precisión (represión del centro intelectivo).

Interpretación psicodinámica

¿Por qué los *dependientes* («1», «2» y «6») reprimen el centro intelectivo? ¿Por qué carecen de objetividad y sacrifican su capacidad valorativa haciéndose dependientes de las reacciones y de la aprobación de los demás?

Probablemente, en los primeros años de su vida estas personas se han sentido *heridas en su confianza* (traición por parte de personas significativas), y esta «herida» las ha hecho sentirse inseguras en el plano de la confianza en sí mismas; al sentirse vulnerables, evitan detenerse en este plano y canalizan sus energías hacia el cumplimiento del deber («1»), las necesidades de los demás («2») o la demostración de lealtad («6»).

***

Los tipos *apartados* usan la metodología de *moverse lejos de los demás* como estrategia para realizarse y para defender y tutelar su propio yo y sus valores. En la práctica, su mejor defensa es el aislamiento.

Cada uno se siente impulsado por motivos diversos para alejarse o aislarse de los demás:

— Los «5» se sienten seguros y realizados cuando son capaces de entender mejor la realidad a través del estudio y la reflexión, y se resisten a que nadie se inmiscuya en su vida privada.

— Los «4» se sienten seguros y realizados cuando son capaces de vivir de manera profunda su autenticidad interior, sin dejarse influir por las generalizaciones y convencionalismos sociales.

— Los «9» se sienten seguros y realizados cuando son capaces de vivir en paz y tranquilidad, sin ningún tipo de tensiones y conflictos interpersonales.

En conjunto, esta tríada presenta las siguientes características:

— son individuos introvertidos, autoprotectores y ligados al pasado;

— dependen de sus propias fuerzas y recursos para hacer frente a la vida;

— infravaloran su propia capacidad para dejar huella en el mundo;

— tienden a desconfiar de los demás y de sus intenciones;

— han inhibido su espontaneidad y capacidad de actuar (represión del centro instintivo).

Interpretación psicodinámica

¿Por qué los *apartados* («4», «5» y «9») reprimen el centro visceral? ¿Por qué infravaloran su capacidad de marcar la diferencia y de actuar de un modo activo y creativo y privilegian, en cambio, la atención a su mundo interior?

Probablemente, en los primeros años de su vida estas personas se han sentido *heridas en la esperanza* (abandono o descuido por parte de las personas significativas), y esta «herida» las ha hecho perder la esperanza en los demás y a ponerla en sí mismas, encauzando sus energías en la reflexión y el estudio («5»), en la atención al mundo afectivo («4») o en la búsqueda de tranquilidad («9»).

***

Síntesis

La teoría, que el autor llama «complementaria», amplía las intuiciones de la teoría triádico-hexagonal. Además de ilustrar tres nuevas formas de agrupación de las nueve personalidades (agresivos, dependientes y apartados), con sus características y dinámicas específicas, propone la integración global de la persona mediante la recuperación del centro reprimido. En caso contrario, se corre el peligro de que prevalezca el centro reprimido, según las modalidades específicas que exponen Hurley y Dobson[12]:

Las personas que reprimen el centro emotivo («3», «7» y «8») pueden volverse de pronto irritables e hipercríticas. La represión de los sentimientos puede hacerlas frías, no colaboradoras, autoindulgentes y arrogantes en el modo de ganarse la atención.

Las personas que reprimen el centro intelectivo («1», «2» y «6») pueden obstinarse en menudencias, hacerse negativas, rígidas, sarcásticas, celosas y autoritarias y cerrarse a cualesquiera sugerencias e ideas nuevas.

Las personas que reprimen el centro creativo o visceral («4», «5» y «9») pueden reaccionar impulsivamente frente a las situaciones o dejarse dominar por la pereza. A veces asumen actitudes irresponsables, se vuelven caprichosas e idean represalias contra quienes las han ofendido.

3.5. Teoría de los subtipos

Todas las personalidades del enneagrama tienden a canalizar y privilegiar el uso de la propia energía en uno de los tres instintos de base propuestos por Gurdjeff[13], según el esquema siguiente:

---

12. *Ibid.*, p. 39.
13. La teoría es de Gurdjeff y fue reelaborada por Ichazo, que atribuye a las tres energías vitales o instintos un ámbito específico de la vida sexual, social y de autoconservación. Palmer y Rohr también han profundizado en esta teoría.

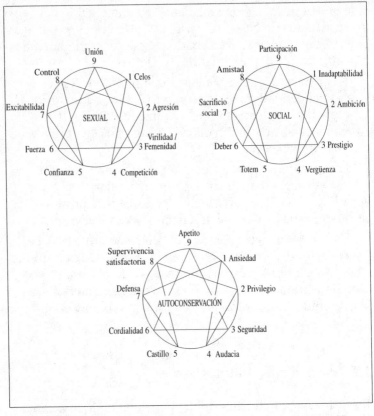

Adaptado de *Transpersonal psychologies* (ed. Charles T. Tart), Harper and Row, New York 1975; reproducido en *Psychological processes,* El Cerrito (California) 1983, p. 27.

En base a esta teoría, las nueve tipologías del enneagrama dan origen a 27 subtipos, según que la persona tienda a privilegiar:

* el *SUBTIPO SEXUAL* (o relacional interpersonal);
* el *SUBTIPO SOCIAL;*
* el *SUBTIPO DE AUTOCONSERVACIÓN.*

***

— *Subtipo sexual:* CELOS. El «1» sexual teme perder a su pareja por la aparición de alguien mejor o más atractivo, por lo que pone en marcha una reacción de celos protectores.

— *Subtipo social:* INADAPTABILIDAD. El «1» social examina los problemas del mundo y asume una actitud moralista y rígida para tratar de corregir lo que no va bien.

— *Subtipo de autoconservación:* ANSIEDAD. El «1» de autoconservación vive con el temor a cometer algún error que pudiera comprometer su imagen y resultarle fatal.

AYUDADOR

— *Subtipo sexual:* SEDUCCIÓN/AGRESIÓN. El «2» sexual se siente orgulloso de despertar la confianza de los demás y ser capaz de manejar situaciones difíciles; sabe utilizar con naturalidad estrategias para ganarse amigos y suscitar la admiración.

— *Subtipo social:* AMBICIÓN. El «2» social tiene un instinto infalible para descubrir a las «personas importantes» y busca su cercanía; no tiene necesidad de éxito, pero sí quiere desempeñar un papel importante en la vida de personas significativas[14].

— *Subtipo de autoconservación:* PRIVILEGIO. El «2» de autoconservación está convencido de que los demás dependen de su ayuda para conseguir el éxito y espera reconocimiento, aprecio y privilegios por todo cuanto hace.

ORGANIZADOR

— *Subtipo sexual:* VIRILIDAD/FEMINIDAD. El «3» sexual trata de proyectar una imagen sexual ideal y se esfuerza en conquistar a las personas por las que se siente atraído. Cada conquista es para él un éxito personal.

— *Subtipo social: PRESTIGIO.* El «3» social desea transmitir una imagen convincente de sí mismo, quiere ser alguien a los ojos de los demás y asume los roles y actitudes que le garantizan prestigio y éxito.

— *Subtipo de autoconservación: SEGURIDAD.* El «3» de autoconservación asocia su valor como persona a la riqueza material (dinero, casas lujosas, viajes, vestidos de marca...), y para conseguir esta seguridad trabaja con intensidad y se somete a grandes sacrificios.

ARTISTA

— *Subtipo sexual: COMPETITIVIDAD.* El «4» sexual construye su propia estima comparándose y compitiendo con otros. A veces emplea la seducción como forma de control; otras veces decide romper una relación para no correr el riesgo de ser rechazado o abandonado por el otro.

— *Subtipo social: VERGÜENZA.* El «4» social se avergüenza porque no se aprecia a sí mismo, teme la desaprobación de los demás y evita los contactos por temor a que se pongan de relieve sus deficiencias[15].

— *Subtipo de autoconservación: AUDACIA.* El «4» de autoconservación huye del clima de vulgaridad y rutina cotidiana lanzándose a empresas temerarias que le permitan saborear lo que es vivir con intensidad.

OBSERVADOR

— *Subtipo sexual: CONFIANZA.* El «5» sexual no se puede fiar más que de unas cuantas personas y sólo está dispuesto a comunicar sus sentimientos y su sexualidad en la intimidad de encuentros breves e intensos. Palmer sugiere que el «5» puede sentirse atraído por la expresión sexual como antítesis a su intelectualismo[16].

---

14. ROHR-EBERT, *op. cit.,* p. 244.
15. PALMER, *The Enneagram in Love and Work,* p. 111.
16. *ibid.,* p. 131.

— *Subtipo social:* TOTEM. El «5» social se siente atraído por «grupos cerrados» que practican una forma específica de saber, frecuenta centros de yoga, ambiciona títulos que le confieran poderes concretos y se interesa por los sistemas que explican los comportamientos.

— *Subtipo de autoconservación:* EL CASTILLO. El «5» de autoconservación necesita lugares a los que poder retirarse a solas para recuperarse y cultivar sus intereses. Sus exigencias materiales se reducen a lo esencial.

COLABORADOR

— *Subtipo sexual:* FUERZA/BELLEZA. El «6» sexual hace alarde de su fuerza y su belleza y emplea esta estrategia para manejar su ansiedad; en la medida en que consigue ganarse el respeto y la estima, se siente más seguro.

— *Subtipo social:* DEBER. El «6» social se siente seguro cuando cumple con su deber, se atiene a las normas del grupo y obedece a las reglas establecidas.

— *Subtipo de autocontrol:* CORDIALIDAD. El «6» de autoconservación se defiende de los peligros o temores relacionales practicando la amabilidad y la cordialidad para atraerse la simpatía de los demás.

OPTIMISTA

— *Subtipo sexual:* EXCITABILIDAD. El «7» sexual percibe al prójimo como fuente de constante atracción y estímulo. A veces puede resultarle difícil aceptar un compromiso de pareja a largo plazo, porque ello limitaría las oportunidades de otras relaciones, y le cuesta valorar una relación cuando conlleva sufrimiento.

— *Subtipo social:* SACRIFICIO. El «7» social ama a quienes comparten su espíritu y su filosofía de la vida y se rebela frente a las limitaciones y las normas impuestas desde fuera; para gozar plenamente de su libertad, desearía que desapareciera la autoridad constituida y que cada cual tuviera su propia autoridad[17].

— *Subtipo de autoconservación:* DEFENSA. El «7» de autoconservación se rodea de personas que piensan como él/ella, para defenderse así de posibles amenazas y contrariedades y asegurarse la felicidad.

JEFE

— *Subtipo sexual:* CONTROL/TERNURA. El «8» sexual tiende a adoptar actitudes de dominio y control sobre su pareja; cuando nace la confianza y se ausenta el temor, se siente libre para dejar que brote la ternura y confiarse al otro.

— *Subtipo social:* AMISTAD. El «8» social concede un notable valor a la amistad y necesita estar en compañía de aquellos en quienes ha depositado su confianza.

— *Subtipo de autoconservación:* SUPERVIVENCIA SATISFACTORIA. El «8» de autoconservación necesita gozar de la seguridad conseguida y se opone a eventuales amenazas externas. Por eso se asegura de que la casa, la comunidad y el ambiente en los que vive sean seguros y estén protegidos.

MEDIADOR

— *Subtipo sexual:* UNIÓN. El objetivo del «9» sexual consiste en lograr la unión completa con su pareja e identificarse con él/ella en el modo de pensar y de actuar.

— *Subtipo social:* PARTICIPACIÓN. El «9» social necesita sentirse parte de un grupo, le gusta participar en momentos sociales y obtiene de ellos energía vital.

— *Subtipo de autoconservación:* APETITO. El «9» de autoconservación tiende a suplir sus necesidades profundas (de afecto, por ejemplo) con compensaciones

---

17. *Ibid.,* p. 180.

inmediatas y gratificantes (comida, viajes, televisión, alcohol...).

***

Síntesis

La teoría de los subtipos añade una pieza preciosa al mosaico de la personalidad, a la luz de los tres instintos fundamentales (sexual, social y de autoconservación) experimentados por todas las personas.

Estos instintos pertenecen al centro inferior, ilustrado por Gurdjeff. Todo individuo puede experimentar estos tres instintos en el ámbito del trabajo, de las relaciones y de la vida cotidiana y tiende a ser dominado principalmente por uno de ellos.

El reto no consiste en reprimir estos instintos, sino en comprenderlos, aceptarlos y orientarlos positivamente. «Los intentos de sofocarlos, como han hecho los ascetas toda la vida, conducen a la mutilación de la persona. Nuestro planteamiento parte de la idea de "domesticar" nuestros instintos para que no destruyan la vida, sino que le sean útiles a ésta»[18].

---

18. Rohr-Ebert, *op. cit.*, p. 241.

4
Evaluación del enneagrama

Como conclusión de esta «visita guiada» al interior del enneagrama, tratemos de esbozar un balance que ponga de relieve sus aportaciones positivas y sus limitaciones.

4.1. Aportaciones positivas

a) Es un mapa coherente y minucioso de la personalidad

A través del modelo de las nueve tipologías, el enneagrama ha sistematizado los modos de ser y de actuar del ser humano en una serie de categorías comprensibles y claras que no parten de presupuestos patológicos, sino fenomenológicos.

Es obvio que las tipologías no pasan de ser representaciones que simplifican la realidad y que no siempre son consistentes. Hay diversos factores que concurren para diferenciar a las personas de una misma tipología (los progenitores; el número de hermanos y el lugar que se ocupa en dicho número; el ambiente social y cultural de origen; las oportunidades educativas; el carácter; el desarrollo sexual; las capacidades introspectivas; la motivación para emprender caminos de crecimiento; etc.). El enneagrama presenta una serie de categorías generales válidas, sin sacrificar por ello la individualidad.

> «Comprender los tipos de personalidad significa comprender los modelos generales. Esta comprensión es extremadamente útil, pero hay que tener presente que los tipos son generalizaciones y que ninguna persona coincide exactamente con la descripción de su tipo. Las descripciones generales deben seguir una sutil línea en la que se mantenga el

equilibrio entre una especificidad suficiente para proporcionar una información exacta sobre cada tipo y una generalidad igualmente suficiente para conseguir que todos los individuos pertenecientes a cada tipo se puedan reconocer. La regla, pues, es la siguiente: los tipos son modelos generales; los individuos son variaciones únicas de esos modelos»[1].

Los nueve tipos han sido caracterizados por rasgos y tendencias que suelen repetirse y que se relacionan entre sí de manera compleja y estimulante, aunque conviene tener presentes los múltiples factores que diferencian a las personas, los diversos ritmos individuales de crecimiento y el proceso de cambio continuo y de evolución que experimenta el ser humano.

b) Es un mapa introspectivo de los juegos y las dinámicas personales

El enneagrama no se interesa por los síntomas, sino por las raíces. Ayuda a tomar conciencia de la limitada visión que condiciona a las nueve personalidades, de las imágenes idealizadas que empañan la relación con la realidad, de las reacciones automáticas que caracterizan el obrar, de los prejuicios que afectan a la percepción de uno mismo, de los demás y de Dios.

Cada personalidad es experta en interpretar su propio juego, a la manera en que un alcohólico se vale de mecanismos de negación y de proyección y se inventa trucos de lo más sofisticados para negar una verdad que es obvia para todos los demás. Cada personalidad es esclava de su propia ilusión, que se siente obligada a defender; y para liberarse de su maldad debe tomar nota de sus motivaciones inconscientes, de sus zonas de sombra y de su centro reprimido, transformando aquello que evita en oportunidad de crecimiento y de integración.

---

1. Riso, *Conoscersi con l'enneagramma*, p. 28.

El enneagrama es un mapa que obliga a ser honrado consigo mismo, porque llama a las ilusiones por su nombre y desenmascara el juego de cada cual.

c) Es un mapa que propone itinerarios constructivos de crecimiento

El enneagrama no se detiene en el análisis y el diagnóstico, sino que ofrece pistas para salir de la propia prisión e indica itinerarios para ir más allá de la propia compulsión, fijación e idealización. En concreto, el itinerario de crecimiento o de liberación pasa a través de tres momentos clave:

— *el conocimiento:* el individuo recibe informaciones para *iluminar* su situación y comprender sus propias dinámicas, ilusiones, trampas, etc.;
— *la exploración de orientaciones alternativas:* es la fase del *discernimiento,* que permite valorar las limitaciones de la propia condición y examinar aproximaciones, actitudes y comportamientos diversos;
— *la elección de recorridos orientados a la maduración y la autotransformación:* es la fase de la *acción,* cuando la persona se decide a cambiar lo que necesita ser cambiado y a pagar el precio exigido para conseguir la renovación.

El enneagrama no es la respuesta, pero sí ofrece caminos concretos, válidos y observables de maduración personal. Cada una de las teorías integradoras constituye la propuesta de un sendero positivo para el viaje, la incorporación de una nueva pieza para construir el mosaico de la propia vida.

«El enneagrama es útil en tres aspectos: en primer lugar, nos ayuda a identificar nuestros puntos fuertes y nuestras debilidades; en segundo lugar, nos ayuda a saber con claridad qué precio habrá que pagar a la larga si seguimos inflando nuestro yo y evitando su crecimiento auténtico; y en tercer lugar, nos ayuda a saber con certeza que existe un modo más positivo de vivir.

Una cosa, por encima de todo, es cierta: que todos cambiamos. Todos podemos progresar o retroceder, pero no seguir siendo los mismos. Si queremos que nuestro cambio vaya en la dirección del crecimiento, debemos aprender a desear lo que es realmente adecuado para nosotros y tener el valor de no sucumbir a nuestros miedos. Un conocimiento de nosotros mismos capaz de revelarnos lo que realmente es bueno para nosotros, es la guía más segura de todas»[2].

d) Es un mapa dinámico y en evolución

Muchos de los que se han empeñado en buscar los instrumentos piscológicos y espirituales para conocerse mejor han encontrado en el enneagrama un inestimable compañero de viaje. El enneagrama, como teoría de la personalidad, tiene una historia muy reciente, pero está en rápida y constante evolución. Es un sistema dinámico y dialéctico, aplicable a todas las personas y a todas las culturas.

Es dinámico porque contribuye a comprender la propia tipología sin limitar su crecimiento; no invita a una resignación pasiva, sino que ofrece horizontes para expandir la propia personalidad sacando a la luz las potencialidades adormecidas.

Los estudios llevados a cabo en diversos ámbitos están ensanchando el horizonte de este sistema, poniéndolo al servicio del individuo, de las relaciones de grupo, del mundo del trabajo y de la vida espiritual. El enneagrama posee aún muchas potencialidades escondidas para ayudar a las personas a conocerse mejor, a adquirir una mayor sabiduría y a incrementar su capacidad de amar.

---

2. *Ibid.,* pp. 265-266.

4.2. Limitaciones

a) Es un mapa no suficientemente uniforme

La falta de «textos oficiales» escritos por los maestros (Gurdjeff e Ichazo) ha hecho que sus ideas se hayan transmitido a través del filtro y las interpretaciones de sus discípulos. Este proceso ha favorecido la creatividad y el desarrollo de la teoría, pero ha producido también una cierta confusión. Valga como ejemplo la diferencia de terminología adoptada por los respectivos autores para describir cada personalidad:

«1»: controlador (O'Leary); perfeccionista (Palmer); reformador (Riso); realizador (Dobson); refinador (Aspell).

«2»: asistente (O'Leary); donante (Palmer); benévolo (Riso); ayudador (Dobson); cooperador (Aspell).

«3»: administrador (O'Leary); actor (Palmer); motivador (Riso); demiurgo (Dobson); realizador (Aspell).

«4»: autor (O'Leary); trágico/romántico (Palmer); artista (Riso); individualista (Dobson); creador (Aspell).

«5»: sabio (O'Leary); observador (Palmer); pensador (Riso); observador (Dobson); observador (Aspell).

«6»: facilitador (O'Leary); abogado del diablo (Palmer); lealista (Riso); guardián (Dobson); grupista (Aspell).

«7»: optimista (O'Leary); epicúreo (Palmer); factotum (Riso); soñador (Dobson); animador (Aspell).

«8»: campeón (O'Leary); jefe (Palmer); líder (Riso); confrontador (Dobson); desafiador (Aspell).

«9»: negociador (O'Leary); mediador (Palmer); pacificador (Riso); conservador (Dobson); consentidor (Aspell).

Obviamente, cada uno de los términos que se utilizan tiene un matiz peculiar.

También se perciben diferencias en la atribución de características específicas a las diversas personalidades, en la descripción de las diversas funciones de los tres centros de energía, en las diversas valoraciones de aspectos relacionados con las teorías integradoras, etc.

Falta, pues, un lenguaje uniforme que dé coherencia al sistema. La AIE (Asociación Internacional del Enneagrama), recientemente constituida, se ha impuesto como una de sus tareas el estudio de un lenguaje uniforme y la posible preparación de un test o cuestionario que, entre los muchos que se emplean actualmente, pueda ayudar a identificar con mayor precisión la propia tipología.

b) Es un mapa para etiquetar a las personas

Probablemente sea éste su mayor peligro: de instrumento de autoconocimiento, el enneagrama se ha convertido a veces en un modo de clasificar a la gente; de sistema para la autotransformación, en objeto de entretenimiento y diversión. Y esto ha dañado la imagen del enneagrama, creando frecuentemente desconfianza y resistencia respecto de él. El poner etiquetas («Seguro que ése es un "4"»; «Te comportas así porque eres un "8"»; «De los "3" no puede uno fiarse»...) se convierte en un medio para aparentar superioridad o para ejercer un control sobre los demás, banalizando así el uso de este instrumento.

Incluso en relación con uno mismo, el definirse empleando las tendencias de la tipología («Soy un "1"; nací así, y no puedo cambiar»...) puede convertirse en una excusa para no asumir la responsabilidad de las propias opciones y del propio crecimiento. En otras palabras, el riesgo consiste en uniformarse y resignarse a lo que se dice del tipo y seguir viviendo las propias compulsiones.

El descubrimiento de determinadas tendencias en el comportamiento humano es válido si se advierte al mismo tiempo la posibilidad de liberarse de la presión del determinismo. De lo contrario, se corre el peligro de ver la personalidad y perder de vista a la persona.

c) Es un mapa limitado
en cuanto a su convalidación científica

A lo largo de los últimos años han aumentado las investigaciones que tratan de dar categoría científica a la teoría del enneagrama, pero su mayor mérito sigue siendo el eco positivo y entusiasta que suscita en quienes llegan a conocerlo, en quienes se sienten iluminados y desenmascarados a la vez por las intuiciones y provocaciones de este sistema psicológico-espiritual.

No obstante, y a pesar de esta comprobación práctica, hacen falta estudios que consoliden el valor de esta teoría. Existe el peligro de formulaciones inexactas que pueden desacreditar el valor del instrumento.

A veces algunas generalizaciones, como la de la relación entre el tipo de personalidad y el ambiente familiar, pueden pecar de un empeño excesivo en hacer cuadrar el modelo, sin llevar a cabo un estudio atento y sistemático para valorar si existen o no relaciones significativas al respecto.

d) La falta de supervisión en el uso del mapa

La mejor disposición para estudiar el enneagrama y su aplicación consiste, para todos, en la valentía de ser honrado consigo mismo. En el pasado, el enneagrama se transmitía oralmente, de maestro a discípulo, a través de la supervisión y la dirección espiritual.

La publicación de estudios ha eliminado esta importante mediación y ha dado lugar a interpretaciones muy subjetivas.

Para hacer fructífero el uso del instrumento sería importante contar con un guía debidamente preparado o con un grupo restringido de personas dispuestas a encontrarse, confrontarse y ayudarse a crecer a través del enneagrama.

Rohr ha ideado algunas modalidades en las que el enneagrama puede ser utilizado para el crecimiento, entre ellas el estudio individual, la relación de pareja, las relaciones de autoridad y de familia, los ejercicios y la guía espiritual, el trabajo en comunidad y los grupos de discusión[3].

4.3. Consideraciones conclusivas

El código ético del enneagrama[4] ha sido formulado por la Asociación Internacional en los siguientes términos:

— El enneagrama es fundamentalmente *un instrumento de autoconocimiento* y de *transformación personal* a la luz del conocimiento de los propios hábitos y mecanismos de defensa, de las propias motivaciones inconscientes y trampas.

— Las tipologías del enneagrama *no describen completamente al individuo,* ni desde el punto de vista de su historia ni desde el de su inteligencia o cualidades personales. El individuo es más rico y complejo que su pertenencia tipológica.

— El enneagrama es un *instrumento* importante de *compasión.* El conocimiento proporcionado por el enneagrama no puede transmutarse en prejuicio negativo respecto de las personas, sino que debe llevar a una comprensión y aceptación más profunda del otro. No se puede presumir de que se conoce a una persona por el mero hecho de conocer su tipología.

— El enneagrama es un *instrumento en progreso* y en continuo crecimiento y se vale de la aportación de diversas escuelas y perspectivas, sin monopolio por parte de nadie. Quienes se empeñan en un trabajo de autotransformación se convierten en ejemplos vivientes de cambio al servicio de la liberación espiritual.

---

3. ROHR-EBERT, *op. cit.,* pp. 271-276.
4. The Enneagram Institute, *Newsletter,* 1966, p. 11.

A partir de este código de la teoría del enneagrama, presentada en este libro, se pueden deducir algunas consideraciones generales.

La realidad de la persona no se puede agotar en una teoría, porque es fruto de encuentros, condicionamientos, pérdidas, tensiones, conflictos..., además de mediaciones afectivas, cognoscitivas, volitivas y espirituales que dejan huellas profundas en la existencia del sujeto.

La historia de cada cual está tejida de triunfos y de derrotas, de necesidades frustradas y de exigencias satisfechas, de posibilidades realizadas y de oportunidades perdidas, de rendiciones condicionadas por el miedo y de gestos inspirados por la valentía, que califican su unicidad e irrepetibilidad. Además, cada cual vive su propio misterio en el contexto de una determinada realidad histórica, geográfica y cultural que, de alguna manera, le limita y condiciona, aunque no por ello deja de ser libre en sus propias opciones conductuales, relacionales, éticas y espirituales.

El enneagrama se acerca a la complejidad del ser humano proponiendo unas categorías de lectura —las nueve tipologías— que representan una visión parcial, pero estimulante e iluminadora, de la realidad personal.

No existe teoría alguna que tenga carácter de validez absoluta o sea capaz de explicar del todo la personalidad, porque, como dice el código del enneagrama, «el individuo es más rico y complejo que su pertenencia tipológica». Es preciso reconocer, no obstante, las extraordinarias intuiciones que ofrece este sistema cuando se le concibe de manera dinámica.

En la práctica, esta teoría hace suyos dos de los principios esculpidos por los griegos en las piedras del templo de Apolo en Delfos: «Conócete a ti mismo» y «Nada en demasía».

A lo largo de estas páginas hemos tratado de ilustrar las aportaciones de esta teoría del autoconocimiento y, a la vez, los peligros en que se incurre cuando los dones, los centros de inteligencia y los mecanismos de defensa se utilizan en exceso.

Como teoría, el enneagrama no dispone de una presentación sistemática en la que todos puedan reconocerse, aunque sí es un mosaico de piezas que permite leer al ser humano desde una variedad de perspectivas. Tal vez fuera deseable el desarrollo de una teoría universal, aceptada por todos, que diera uniformidad y consistencia a este saber.

La creación de la Asociación Internacional del Enneagrama, con un comité de dirección representativo de las voces más significativas del movimiento, puede contribuir a dar una orientación común a la teoría sin renunciar a las aportaciones creativas e innovadoras que van emergiendo.

El principal desafío consiste en que *el conocimiento de la propia personalidad no es un punto de llegada, sino de partida*. En otras palabras, el enneagrama, más que un sistema interesante de conocimiento, es un compromiso de vida. De nada sirve tener un mapa si no se está dispuesto a ponerse en marcha y hacer el viaje.

Es algo parecido a lo que ocurre con el evangelio: no basta con conocer a los personajes y los episodios; es preciso traducirlo todo a la vida para que tenga verdaderamente significado.

El valor del enneagrama depende del uso que se haga de él. El viaje que hay que hacer requiere esfuerzo y se identifica con la ley de la renuncia propuesta por Jesús: «El que intente salvar su vida la perderá, y el que la pierda la encontrará» (Lc 17,33).

En relación con el «proyecto persona», el enneagrama y la antropología cristiana comparten muchas verdades de fondo, aunque se expresen de forma diferente. Entre otras, la afirmación de los dones de la persona; la necesidad de rescate y liberación por parte de la naturaleza caída; la conciencia de la necesaria conversión o transformación; la aceptación del sufrimiento y de la separación como condiciones para crecer; la necesidad de practicar la virtud; la exigencia de un retorno a la autenticidad y a la verdadera libertad; el objetivo de una realización espiritual...

Las diferencias entre ambos sistemas se refieren sobre todo a las coordenadas religiosas. El enneagrama actúa en un horizonte ecuménico abierto a diversas espiritualidades, por lo que acoge, aunque no las haga suyas, las verdades reveladas de la tradición cristiana, especialmente las mediaciones de la salvación realizadas por Cristo, por la gracia, por la Iglesia y por los sacramentos. El enneagrama, además, contempla el proceso de crecimiento en un horizonte humano y espiritual. Si el ser humano quiere conseguir la plenitud, debe, por una parte, conocerse y descubrir su propia esencia y autenticidad y, por otra, proyectarse hacia la trascendencia y el encuentro con Dios.

Para ambos sistemas, el camino de la transformación y de la curación comporta el sacrificio del propio egocentrismo; pero el objetivo no es destruir la personalidad, sino más bien transformarla, neutralizando sus distorsiones y liberando su capacidades de sanación.

Bibliografía

AA.VA., *Who am I? Personality types for self-discovery* (R. Fraeger [ed.]), Putnam's Sons, New York 1994.

ALLPORT, G.W., *Divenire: fondamenti di una psicologia della personalità*, Universitaria, Firenze 1963.

BARON, R. & WAGELE, E., *Enneagramma facile, facile*, Paoline, Milano 1996.

BEESING, M., NOGOSEK, R. & O'LEARY, P., *Enneagrama. Un camino hacia el autodescubrimiento*, Narcea, Madrid 1992.

BENNETT, J.G., *Gurdjieff. Un nuovo mondo*, Astrolabio, Roma 1981; *L'enigma Gurdjieff*, Astrolabio, Roma 1983; *Enneagramma Studies*, Samuel Weiser, York Beach (Maine) 1983.

BERGIN, E. & FITZGERALD, E., *The Enneagram: the quest for self-transcendence*, Dublin 1991.

CAROTENUTO, A., *Trattato della psicologia della personalità e delle differenze individuali*, Cortina, Milano 1991.

HALL, C.S. & LINDZEY, G., *Teorie della personalità*, Boringhieri, Torino 1996.

HINTERHUBER, H., *Strategia dello sviluppo interiore*, Mediterranee, Roma 1988.

HORNEY, R., *Nevrosi e sviluppo della personalità*, Astrolabio, Roma 1981.

HURLEY, K. & DOBSON, T., *What's my type?*, Harper, San Francisco/New York, 1992; *My best self*, Harper, San Francisco/New York 1993.

ICHAZO, O., *Between metaphysics and protoanalysis: a theory for analyzing the human psyche*, Arica Institute Press, New York 1982.

KEEN, S., «A conversion about ego destruction with Oscar Ichazo», en *Psychology Today* VII/2 (julio 1973).

KEYES, M., *Emotions and the Enneagram: working through your shadow's life script*, Molysdatur Publ., California 1990; *The Enneagram relationship workbook*, Molysdatur Publ., California 1992.

LEWIN, K., *Teoria dinamica della personalità,* Universitaria, Firenze 1965.

LILLY, J. & HART, J., «Il training Arica», en *Stati di coscienza* (Charles T. Tart [ed.]), Astrolabio, Roma 1981.

MELENDO, M., *En tu centro: el enneagrama,* Sal Terrae, Santander 1993.

METZ, B. & BURCHILL, J., *The enneagram and prayer,* Dimension Books, Denville (New Jersey) 1987.

NARANJO, C., *El enneagrama en la sociedad. Males del mundo, males del alma,* Temas de Hoy, Madrid 1995.

NOGOSEK, R., *Nine portraits of Jesus: discovering Jesus through the Enneagram,* Dimension Books, Denville (New Jersey) 1987.

OUSPENSKY, P.D., *La quarta via,* Astrolabio, Roma 1974; *Frammenti di un insegnamento sconosciuto,* Astrolabio, Roma 1976; *L'evoluzione interiore dell'uomo,* Mediterranee, Roma 1989.

PALMER, H., *L'ennegramma,* Astrolabio, Roma 1996; *The Enneagram in love and work,* Harper, San Francisco/New York 1995.

RISO, D.R., *Comprendiendo el eneagrama. Guía práctica para los tipos de personalidad,* Cuatro Vientos Editorial, Madrid 1990; *Le nove personalità,* Armenia, Milano 1989.

ROHR, R. & EBERT, A., *Scoprire l'enneagramma,* Paoline, Milano 1993; *Experiencing the enneagram,* Crossroad Publ., New York 1991.

SHAH, I., *La strada dei Sufi,* Astrolabio, Roma 1971.

SHELDON, W.H., *The varieties of the temperament: a psychology of constitutional differences,* Harper & Brothers, New York/London 1942.

SPEETH, K.R., *The Gurdjieff work,* And/Or Press, Berkeley (California) 1976.

TICHERHOOF, B., *Conversion and the Enneagram,* Dimension Books, Denville (New Jersey) 1991.

WAGNER, J., *The Enneagram spectrum of personality types,* Evanston (Illinois) 1992.

WALKER, K., *L'insegnamento di Gurdjieff,* Astrolabio, Roma 1976.

ZUERCHER, S., *Enneagramn spirituality,* Ave Maria Press, Notre Dame (Indiana) 1992; *Enneagram companions,* Ave Maria Press, Notre Dame (Indiana) 1993.